Paris
avril 92

COMME UN ROMAN

DANIEL PENNAC

COMME
UN ROMAN

GALLIMARD

Pour Franklin Rist,
grand lecteur de romans
et romanesque lecteur.

A la mémoire de mon père,
et dans le souvenir quotidien
de Frank Vlieghe.

I

NAISSANCE DE L'ALCHIMISTE

1

Le verbe lire ne supporte pas l'impératif. Aversion qu'il partage avec quelques autres : le verbe « aimer »... le verbe « rêver »...

On peut toujours essayer, bien sûr. Allez-y : « Aime-moi ! » « Rêve ! » « Lis ! » « Lis ! Mais lis donc, bon sang, je t'ordonne de lire ! »

— Monte dans ta chambre et lis !

Résultat ?

Néant.

Il s'est endormi sur son livre. La fenêtre, tout à coup, lui a paru immensément ouverte sur quelque chose d'enviable. C'est par là qu'il s'est envolé. Pour échapper au livre. Mais c'est un sommeil vigilant : le livre reste ouvert devant lui. Pour peu que nous ouvrions la porte de sa chambre nous le trouverons assis à son bureau, sagement occupé à lire. Même si nous sommes monté à pas de loup, de la surface de son sommeil il nous aura entendu venir.

— Alors, ça te plaît ?

Il ne nous répondra pas non, ce serait un crime de lèse-majesté. Le livre est sacré, comment peut-on ne pas aimer lire ? Non, il nous dira que les descriptions sont trop longues.

Rassuré, nous rejoindrons notre poste de télévision. Il se peut même que cette réflexion suscite un passionnant débat entre nous et les autres nôtres...

— Il trouve les descriptions trop longues. Il faut le comprendre, nous sommes au siècle de l'audiovisuel, évidemment, les romanciers du XIXe avaient tout à décrire...

— Ce n'est pas une raison pour le laisser sauter la moitié des pages !

...

Ne nous fatiguons pas, il s'est rendormi.

2

D'autant plus inconcevable, cette aversion pour la lecture, si nous sommes d'une génération, d'un temps, d'un milieu, d'une famille où la tendance était plutôt à nous empêcher de lire.

— Mais arrête de lire, voyons, tu vas te crever les yeux !

— Sors plutôt jouer, il fait un temps superbe.

— Eteins ! Il est tard !

Oui, il faisait toujours trop beau pour lire, alors, et trop sombre la nuit.

Notez que lire ou ne pas lire, le verbe était déjà conjugué à l'impératif. Même au passé, on ne se refait pas. En sorte que lire était alors un acte subversif. A la découverte du roman s'ajoutait l'excitation de la déso-béissance familiale. Double splendeur ! O le souvenir de ces heures de lectures chipées sous les couvertures à la lueur de la torche électrique ! Comme Anna Karé-nine galopait vite-vite vers son Vronski à ces heures de la nuit ! Ils s'aimaient ces deux-là, c'était déjà beau, mais ils s'aimaient contre l'interdiction de lire, c'était encore meilleur ! Ils s'aimaient contre père et mère, ils s'aimaient contre le devoir de math à finir, contre la « préparation française » à rendre, contre la chambre à ranger, ils s'aimaient au lieu de passer à table, ils s'aimaient avant le dessert, ils se préféraient à la partie de foot et à la cueillette des champignons... ils s'étaient choisis et se préféraient à tout... Dieu de Dieu la belle amour !

Et que le roman était court.

3

Soyons justes ; nous n'avons pas pensé tout de suite à lui imposer la lecture comme devoir. Nous n'avons pensé d'abord qu'à son plaisir. Ses premières années nous ont mis en état de grâce. L'émerveillement absolu devant cette vie neuve nous a donné une sorte de génie. Pour lui, nous sommes devenu conteur. Dès son éclosion au langage, nous lui avons raconté des histoires. C'était une aptitude que nous ne nous connaissions pas. Son plaisir nous inspirait. Son bonheur nous donnait du souffle. Pour lui, nous avons multiplié les personnages, enchaîné les épisodes, raffiné les chausse-trapes... Comme le vieux Tolkien à ses petits-enfants, nous lui avons inventé un monde. A la frontière du jour et de la nuit, nous sommes devenu son romancier.

Si nous n'avons pas eu ce talent-là, si nous lui avons raconté les histoires des autres, et même plutôt mal, cherchant nos mots, écorchant les noms propres, confondant les épisodes, mariant le début d'un conte avec la fin d'un autre, aucune importance... Et même si nous n'avons rien raconté du tout, même si nous nous sommes contenté de lire à voix haute, nous étions son romancier à lui, le conteur unique, par qui, tous les soirs, il glissait dans les pyjamas du rêve avant de fondre sous les draps de la nuit. Mieux, nous étions le Livre.

Souvenez-vous de cette intimité-là, si peu comparable.

Comme nous aimions l'effrayer pour le pur plaisir de le consoler ! Et comme il nous réclamait cette frayeur ! Si peu dupe, déjà, et pourtant tout tremblant. Un vrai lecteur, en somme. Tel était le couple que nous formions à l'époque, lui le lecteur, ô combien malin ! et nous le livre, ô combien complice !

4

En somme, nous lui avons tout appris du livre en ces temps où il ne savait pas lire. Nous l'avons ouvert à l'infinie diversité des choses imaginaires, nous l'avons initié aux joies du voyage vertical, nous l'avons doté de l'ubiquité, délivré de Chronos, plongé dans la solitude fabuleusement peuplée du lecteur... Les histoires que nous lui lisions fourmillaient de frères, de sœurs, de parents, de doubles idéaux, escadrilles d'anges gardiens, cohortes d'amis tutélaires en charge de ses chagrins, mais qui, luttant contre leurs propres ogres, trouvaient eux aussi refuge dans les battements inquiets de son cœur. Il était devenu leur ange réciproque : un lecteur. Sans lui, leur monde n'existait pas. Sans eux, il restait pris dans l'épaisseur du sien. Ainsi découvrit-il la vertu paradoxale de la lecture qui est de nous abstraire du monde pour lui trouver un sens.

De ces voyages, il revenait muet. C'était le matin et l'on passait à autre chose. A vrai dire, nous ne cherchions pas à savoir ce qu'il avait gagné là-bas. Lui, innocemment, cultivait ce mystère. C'était, comme on dit, son univers. Ses relations privées avec Blanche-

Neige ou l'un quelconque des sept nains étaient de l'ordre de l'intimité, qui commande le secret. Grande jouissance de lecteur, ce silence d'après la lecture !

Oui, nous lui avons tout appris du livre.

Formidablement ouvert son appétit de lecteur.

Au point, souvenez-vous, au point qu'*il avait hâte d'apprendre à lire !*

5

Quels pédagogues nous étions, quand nous n'avions pas le souci de la pédagogie!

6

Et le voilà, adolescent reclus dans sa chambre, devant un livre qu'il ne lit pas. Toutes ses envies d'être ailleurs font entre lui et les pages ouvertes un écran glauque qui trouble les lignes. Il est assis devant sa fenêtre, la porte fermée dans son dos. Page 48. Il n'ose compter les heures passées à atteindre cette quarante-huitième page. Le bouquin en compte exactement quatre cent quarante-six. Autant dire cinq cents. 500 pages ! S'il y avait des dialogues, encore. Tu parles ! Des pages bourrées de lignes comprimées entre des marges minuscules, de noirs paragraphes entassés les uns sur les autres, et, par-ci par-là, la charité d'un dialogue — un tiret, comme une oasis, qui indique qu'un personnage parle à un autre personnage. Mais l'autre ne lui répond pas. Suit un bloc de douze pages ! Douze pages d'encre noire ! Ça manque d'air ! Ouh là que ça manque d'air ! Putain de bordel de merde ! Il jure. Désolé, mais il jure. Putain de bordel de merde de bouquin à la con ! Page quarante-huit... S'il se souvenait, au moins, du contenu de ces quarante-sept premières pages ! Il n'ose même pas se poser la question —

qu'on lui posera, inévitablement. La nuit d'hiver est tombée. Des profondeurs de la maison monte jusqu'à lui l'indicatif du journal télévisé. Encore une demi-heure à tirer avant le dîner. C'est extraordinairement compact, un livre. Ça ne se laisse pas entamer. Il paraît, d'ailleurs, que ça brûle difficilement. Même le feu ne peut s'insinuer entre les pages. Manque d'oxygène. Toutes réflexions qu'il se fait en marge. Et ses marges à lui sont immenses. C'est épais, c'est compact, c'est dense, c'est un objet contondant, un livre. Page quarante-huit ou cent quarante-huit, quelle différence ? Le paysage est le même. Il revoit les lèvres du prof prononcer le titre. Il entend la question unanime des copains :

— Combien de pages ?

— Trois ou quatre cents...

(Menteur...)

— C'est pour quand ?

L'annonce de la date fatidique déclenche un concert de protestations :

— Quinze jours ? Quatre cents pages (cinq cents) à lire en quinze jours ! Mais on n'y arrivera jamais, Monsieur !

Monsieur ne négocie pas.

Un livre, c'est un objet contondant et c'est un bloc d'éternité. C'est la matérialisation de l'ennui. C'est le livre. « Le livre ». Il ne le nomme jamais autrement dans ses dissertations : le livre, un livre, les livres, des livres.

« Dans son livre *Les Pensées*, Pascal nous dit que... »

Le prof a beau protester en rouge que ce n'est pas la

dénomination correcte, qu'il faut parler d'un roman, d'un essai, d'un recueil de nouvelles, d'une plaquette de poèmes, que le mot « livre », en soi, dans son aptitude à tout désigner ne dit rien de précis, qu'un annuaire téléphonique est un livre, tout comme un dictionnaire, un guide bleu, un album de timbres, un livre de comptes...

Rien à faire, le mot s'imposera de nouveau à sa plume dans sa prochaine dissertation :

« Dans son livre, *Madame Bovary*, Flaubert nous dit que... »

Parce que, du point de vue de sa solitude présente, un livre est un livre. Et chaque livre pèse son poids d'encyclopédie, de cette encyclopédie à couverture cartonnée, par exemple, dont on glissait naguère les volumes sous ses fesses d'enfant pour qu'il fût à hauteur de la table familiale.

Et le poids de chaque livre est de ceux qui vous tirent vers le bas. Il s'est assis relativement léger sur sa chaise, tout à l'heure — la légèreté des résolutions prises. Mais, au bout de quelques pages, il s'est senti envahi par cette pesanteur douloureusement familière, le poids du livre, poids de l'ennui, insupportable fardeau de l'effort inabouti.

Ses paupières lui annoncent l'imminence du naufrage.

L'écueil de la page 48 a ouvert une voie d'eau sous sa ligne de résolutions.

Le livre l'entraîne.

Ils sombrent.

7

Cependant qu'en bas, autour du poste, l'argument de la télévision corruptrice fait des adeptes :

— La bêtise, la vulgarité, la violence des programmes... C'est inouï ! On ne peut plus allumer son poste sans voir...

— Les dessins animés japonais... Vous avez déjà regardé un de ces dessins animés japonais ?

— Ce n'est pas seulement une question de programme... C'est la télé en elle-même... cette facilité... cette passivité du téléspectateur...

— Oui, on allume, on s'assied...

— On zappe...

— Cette dispersion...

— Ça permet au moins d'éviter la publicité .

— Même pas. Ils ont mis au point des programmes synchrones. Tu quittes une pub pour tomber sur une autre.

— Quelquefois sur la même !

Là, silence : brusque découverte d'un de ces territoires « consensuels » éclairés par l'aveuglant rayonnement de notre lucidité adulte.

Alors, quelqu'un, mezza voce :

— Lire, évidemment, lire c'est autre chose, lire est un acte !

— C'est très juste, ce que tu viens de dire, lire est un acte, « l'acte de lire », c'est très vrai...

— Tandis que la télé, et même le cinéma si on y réfléchit bien... tout est donné dans un film, rien n'est conquis, tout vous est mâché, l'image, le son, les décors, la musique d'ambiance au cas où on n'aurait pas compris l'intention du réalisateur...

— La porte qui grince pour t'indiquer que c'est le moment d'avoir la trouille...

— Dans la lecture il faut *imaginer* tout ça... La lecture est un acte de création permanente.

Nouveau silence.

(Entre « créateurs permanents », cette fois.)

Puis :

— Ce qui me frappe, moi, c'est le nombre d'heures passées en moyenne par un gosse devant la télé par comparaison aux heures de français à l'école. J'ai lu des statistiques, là-dessus.

— Ça doit être phénoménal !

— Une pour six ou sept. Sans compter les heures passées au cinéma. Un enfant (je ne parle pas du nôtre) passe en moyenne — moyenne minimum — deux heures par jour devant un poste de télé et huit à dix heures pendant le week-end. Soit un total de trente-six heures, pour cinq heures de français hebdomadaires.

— Evidemment, l'école ne fait pas le poids.

Troisième silence.

Celui des gouffres insondables.

8

On aurait pu dire bien des choses, en somme, pour mesurer cette distance, entre le livre et lui.

Nous les avons *toutes* dites.

Que la télévision, par exemple, n'est pas seule en cause.

Qu'entre la génération de nos enfants et notre propre jeunesse de lecteurs, les décennies ont eu des profondeurs de siècles.

De sorte que, si nous nous sentons psychologiquement plus proches de nos enfants que nos parents ne l'étaient de nous, nous sommes restés, intellectuellement parlant, plus proches de nos parents.

(Ici, controverse, discussion, mise au point des adverbes « psychologiquement » et « intellectuellement ». Renfort d'un nouvel adverbe) :

— *Affectivement* plus proches, si tu préfères.

— Effectivement ?

— Je n'ai pas dit *effectivement*, j'ai dit *affectivement*.

— Autrement dit, nous sommes *affectivement* plus proches de nos enfants, mais *effectivement* plus proches de nos parents, c'est ça ?

— C'est un « fait de société ». Une accumulation de « faits de société » qui pourraient se résumer en ceci que nos enfants sont aussi les fils et les filles de leur propre époque quand nous n'étions que les enfants de nos parents.

— ...?

— Mais si ! Adolescents, nous n'étions pas les clients de notre société. Commercialement et culturellement parlant, c'était une société d'adultes. Vêtements communs, plats communs, culture commune, le petit frère héritait les vêtements du grand, nous mangions le même menu, aux mêmes heures, à la même table, faisions les mêmes promenades le dimanche, la télévision ligotait la famille dans une seule et même chaîne (bien meilleure, d'ailleurs, que toutes celles d'aujourd'hui...), et en matière de lecture, le seul souci de nos parents était de placer certains titres sur des rayons inaccessibles.

— Quant à la génération précédente, celle de nos grands-parents, elle interdisait purement et simplement la lecture aux filles.

— C'est vrai ! surtout celle des romans : « l'imagination, la folle du logis ». Mauvais pour le mariage, ça...

— Tandis qu'aujourd'hui... les adolescents sont clients à part entière d'une société qui les habille, les distrait, les nourrit, les cultive ; où fleurissent les magdo, les weston et autres chevignon. Nous allions en « boum », ils sortent en « boîtes », nous lisions un bouquin, ils se tapent des cassettes... Nous aimions communier sous les auspices des Beatles, ils s'enferment dans l'autisme du walkman... On voit même cette chose inouïe, des quartiers entiers confisqués par l'adolescence, de gigantesques territoires urbains voués aux errances adolescentes.

Ici, évocation de Beaubourg.

Beaubourg...

La Barbarie-Beaubourg...

Beaubourg, le phantasme grouillant, Beaubourg-l'errance-la-drogue-la violence... Beaubourg, et la béance du RER... le Trou des Halles !

— D'où jaillissent les hordes illettrées au pied de la plus grande bibliothèque publique de France !

Nouveau silence... un des plus beaux : celui de l' « ange paradoxal ».

— Vos enfants fréquentent Beaubourg ?

— Rarement. Par bonheur nous habitons le Quinzième.

Silence...

Silence...

— Bref, ils ne lisent plus.

— Non.

— Trop sollicités par ailleurs.

— Oui.

Et si ce n'est le procès de la télévision ou de la consommation tous azimuts, ce sera celui de l'invasion électronique ; et si ce n'est la faute des petits jeux hypnotiques, ce sera celle de l'école : l'apprentissage aberrant de la lecture, l'anachronisme des programmes, l'incompétence des maîtres, la vétusté des locaux, le manque de bibliothèques.

Quoi donc, encore ?

Ah ! oui, le budget du ministère de la Culture... une misère ! Et la part infinitésimale réservée au « Livre » dans cette bourse microscopique.

Comment voulez-vous, dans ces conditions, que mon fils, que ma fille, que nos enfants, que la jeunesse, lisent ?

— D'ailleurs, les Français lisent de moins en moins...

— C'est vrai.

10

Ainsi vont nos propos, victoire perpétuelle du langage sur l'opacité des choses, silences lumineux qui en disent plus qu'ils n'en taisent. Vigilants et informés, nous ne sommes pas les dupes de notre époque. Le monde entier est dans ce que nous disons — et tout entier éclairé par ce que nous taisons. Nous sommes lucides. Mieux, nous avons la passion de la lucidité.

D'où vient alors cette tristesse vague d'après conversation ? Ce silence de minuit, dans la maison rendue à elle-même ? Seule perspective de la vaisselle à faire ? Voire... A quelques encablures de là — feu rouge — nos amis sont pris dans ce même silence qui, passée l'ivresse de la lucidité, saisit les couples, retour de soirée, dans leurs autos figées. C'est comme un arrière-goût de cuite, la fin d'une anesthésie, une lente remontée vers la conscience, le retour à soi-même, et le sentiment vaguement douloureux de ne pas nous reconnaître dans ce que nous avons dit. *Nous n'y étions pas.* Tout le reste s'y trouvait, certes, les arguments étaient justes — et, de ce point de vue, nous avions raison — mais nous n'y étions pas. Pas de doute, encore une soirée sacrifiée à la pratique anesthésiante de la lucidité.

C'est ainsi... on croit rentrer chez soi, et c'est en soi que l'on rentre.

Ce que nous disions tout à l'heure, autour de la table, était aux antipodes de ce qui se disait en nous. Nous parlions de la nécessité de lire, mais nous étions près de lui, là-haut, dans sa chambre, et qui ne lit pas. Nous énumérions les bonnes raisons que l'époque lui fournit de ne pas aimer la lecture, mais nous cherchions à traverser le livre-muraille qui nous sépare de lui. Nous parlions du livre, quand nous ne pensions qu'à lui.

Lui qui n'a pas arrangé les choses en descendant à table à la dernière seconde, en y asseyant sans un mot d'excuse sa pesanteur adolescente, en ne faisant pas le moindre effort pour participer à la conversation, et qui, finalement, s'est levé sans attendre le dessert :

— Excusez-moi, il faut que je lise !

11

L'intimité perdue...

A y repenser en ce début d'insomnie, ce rituel de la lecture, chaque soir, au pied de son lit, quand il était petit — heure fixe et gestes immuables — tenait un peu de la prière. Cet armistice soudain après le tintamarre de la journée, ces retrouvailles hors de toutes contingences, ce moment de silence recueilli avant les premiers mots du récit, notre voix enfin pareille à elle-même, la liturgie des épisodes... Oui, l'histoire lue chaque soir remplissait la plus belle fonction de la prière, la plus désintéressée, la moins spéculative, et qui ne concerne que les hommes : le pardon des offenses. On n'y confessait aucune faute, on n'y cherchait pas à s'octroyer une portion d'éternité, c'était un moment de communion, entre nous, l'absolution du texte, un retour au seul paradis qui vaille : l'intimité. Sans le savoir, nous découvrions une des fonctions essentielles du conte, et, plus vastement de l'art en général, qui est d'imposer une trêve au combat des hommes.

L'amour y gagnait une peau neuve.

C'était gratuit.

Gratuit. C'est bien ainsi qu'il l'entendait. Cadeau. Un moment hors des moments. En dépit de tout. L'histoire nocturne le délestait du poids du jour. On larguait ses amarres. Il allait avec le vent, immensément allégé, et le vent, c'était notre voix.

Pour prix de ce voyage, on n'exigeait rien de lui, pas un sou, on ne lui demandait pas la moindre contrepartie. Ce n'était même pas une récompense. (Ah! les récompenses... comme il fallait se montrer digne d'avoir été récompensé!) Ici, tout se passait en pays de gratuité.

La gratuité, qui est la seule monnaie de l'art.

13

Que s'est-il donc passé entre cette intimité-là et lui maintenant, buté contre un livre-falaise, pendant que nous cherchons à le comprendre (c'est-à-dire à nous rassurer) en incriminant le siècle et sa télévision — que nous avons peut-être oublié d'éteindre?

La faute à la télé?

Le vingtième siècle trop « visuel »? Le dix-neuvième trop descriptif? Et pourquoi pas le dix-huitième trop rationnel, le dix-septième trop classique, le seizième trop renaissance, Pouchkine trop russe et Sophocle trop mort? Comme si les relations entre l'homme et le livre avaient besoin de siècles pour s'espacer.

Quelques années suffisent.

Quelques semaines.

Le temps d'un malentendu.

A l'époque où, au pied de son lit, nous évoquions la robe rouge du Petit Chaperon, et, jusqu'aux moindres détails, le contenu de son panier, sans oublier les profondeurs de la forêt, les oreilles de grand-mère si bizarrement velues soudain, la chevillette et la bobinette, je n'ai pas le souvenir qu'il trouvait nos descriptions trop longues.

Ce ne sont pas des siècles qui se sont écoulés depuis. Mais ces moments qu'on appelle *la vie*, auxquels on donne des allures d'éternité à coups de principes intangibles : « Il faut lire. »

14

Là comme ailleurs, la vie se manifesta par l'érosion de notre plaisir. Une année d'histoires au pied de son lit, oui. Deux ans, soit. Trois, à la rigueur. Cela fait mille quatre-vingt-quinze histoires, à raison d'une par soirée. 1095, c'est un chiffre ! Et s'il n'y avait que le quart d'heure du conte... mais il y a celui qui précède. Qu'est-ce que je vais bien pouvoir lui raconter ce soir ? Qu'est-ce que je vais lui lire ?

Nous avons connu les affres de l'inspiration.

Au début, il nous aida. Ce que son émerveillement exigeait de nous, ce n'était pas une histoire, mais *la même* histoire.

— Encore ! Encore le Petit Poucet ! Mais mon lapin, il n'y a pas que le Petit Poucet, bon sang, il y a...

Le Petit Poucet, rien d'autre.

Qui eût dit que nous regretterions un jour l'heureuse époque où sa forêt était peuplée du seul Petit Poucet ? Pour un peu on se maudirait de lui avoir appris la diversité, donné le choix.

— Non, celle-là, tu me l'as déjà racontée !

Sans devenir une obsession la question du choix vira

au casse-tête. Avec de brèves résolutions : courir samedi prochain dans une librairie spécialisée et prospecter la littérature enfantine. Le samedi matin, nous remettions au samedi suivant. Ce qui demeurait pour lui une attente sacrée était entré pour nous dans le domaine des préoccupations domestiques. Préoccupation mineure, mais qui s'ajoutait aux autres, de tailles plus respectables. Mineure ou pas, une préoccupation héritée d'un plaisir est à surveiller de près. Nous ne l'avons pas surveillée.

Nous avons connu des moments de révolte.

— Pourquoi moi ? Pourquoi pas toi ? Ce soir, désolé, c'est toi qui lui racontes son histoire !

— Tu sais bien que je n'ai aucune imagination...

Dès que l'occasion s'en présentait, nous déléguions une autre voix auprès de lui, cousin, cousine, baby-sitter, tante de passage, une voix jusqu'ici épargnée, qui trouvait encore du charme à l'exercice, mais qui déchantait souvent devant ses exigences de public tatillon :

— C'est pas ça que répond la grand-mère !

Nous avons honteusement rusé, aussi. Le prix qu'il attachait à l'histoire, plus d'une fois nous avons été tenté d'en faire une monnaie d'échange.

— Si tu continues, tu n'auras pas d'histoire ce soir !

Menace que nous mettions rarement à exécution. Pousser un coup de gueule ou le priver de dessert ne tirait pas à conséquence. L'envoyer au lit sans lui raconter son histoire, c'était plonger sa journée dans une nuit trop noire. Et c'était le quitter sans l'avoir retrouvé. Punition intolérable, et pour lui, et pour nous.

Reste que cette menace, nous l'avons proférée... oh! trois fois rien... l'expression détournée d'une lassitude, la tentation à peine avouée d'utiliser pour une fois ce quart d'heure à autre chose, à une autre urgence domestique, ou à un moment de silence, tout simplement... à une lecture pour soi.

Le conteur, en nous, était à bout de souffle, prêt à passer le flambeau.

15

L'école vint à propos.
Elle prit l'avenir en main.
Lire, écrire, compter...
Au début, il y mit un réel enthousiasme.
Que tous ces bâtons, ces boucles, ces ronds et ces petits ponts assemblés fissent des lettres, c'était beau ! Et ces lettres ensemble, des syllabes, et ces syllabes, bout à bout, des mots, il n'en revenait pas. Et que certains de ces mots lui fussent si familiers, c'était magique !

Maman, par exemple, *maman*, trois petits ponts, un rond, une boucle, trois autres petits ponts, un deuxième rond, une autre boucle, et deux derniers petits ponts, résultat : *maman*. Comment se remettre de cet émerveillement ?

Il faut essayer d'imaginer la chose. Il s'est levé tôt. Il est sorti, accompagné par sa maman, justement, dans un crachin d'automne (oui, un crachin d'automne, et une lumière d'aquarium négligé, ne lésinons pas sur la dramatisation atmosphérique), il s'est dirigé vers l'école tout enveloppé encore de la chaleur de son lit, un arrière-goût de chocolat dans la bouche, serrant bien fort cette main au-dessus de sa tête, marchant vite vite, deux pas quand maman n'en fait qu'un, son cartable bringuebalant sur son dos, et c'est la porte de l'école, le baiser hâtif, la cour de ciment et ses marronniers noirs, les premiers décibels... il s'est rencogné sous le préau ou est entré aussitôt dans la danse, c'est selon, puis ils se sont tous retrouvés assis derrière les tables lilliputiennes, immobilité et silence, tous les mouvements du corps contraints à domestiquer le seul déplacement de la plume dans ce corridor à plafond bas : la ligne ! Langue tirée, doigts gourds et poignet soudé... petits ponts, bâtonnets, boucles, ronds et petits ponts... il est à cent lieues de maman, à présent, plongé dans cette solitude étrange qu'on appelle l'*effort*, entouré de toutes ces autres solitudes à langues tirées... et voici l'assemblage des premières lettres... lignes de « a »... lignes de « m »... lignes de « t »... (pas commode, le « t », avec cette barre transversale, mais du gâteau comparé à la double révolution du « f », à l'incroyable embrouillamini d'où émerge la boucle du « k »...), toutes difficultés, pourtant, vaincues pas à pas... au point qu'aimantées les unes par les autres, les lettres finissent par s'agréger d'elles-mêmes en syllabes... lignes de « ma »... lignes de « pa »... et que les syllabes à leur tour...

Bref, un beau matin, ou un après-midi, les oreilles bourdonnant encore du tumulte de la cantine, il assiste à l'éclosion silencieuse du mot sur la feuille blanche, là, devant lui : maman.

Il l'avait déjà *vu*, au tableau, bien sûr, reconnu

plusieurs fois, mais là, sous ses yeux, écrit de ses propres doigts...

D'une voix d'abord incertaine, il ânonne les deux syllabes, séparément : « Ma-man. »

Et, tout à coup :

— *maman* !

Ce cri de joie célèbre l'aboutissement du plus gigantesque voyage intellectuel qui se puisse concevoir, une sorte de premier pas sur la lune, le passage de l'arbitraire graphique le plus total à la signification la plus chargée d'émotion ! Des petits ponts, des boucles, des ronds... et... maman ! C'est écrit là, devant ses yeux, mais c'est en lui que cela éclôt ! Ce n'est pas une combinaison de syllabes, ce n'est pas un mot, ce n'est pas un concept, ce n'est pas *une* maman, c'est *sa* maman *à lui*, une transmutation magique, infiniment plus parlante que la plus fidèle des photographies, rien que des petits ronds, pourtant, des petits ponts... mais qui ont soudain — et à jamais ! — cessé d'être eux-mêmes, de n'être rien, pour devenir cette présence, cette voix, ce parfum, cette main, ce giron, cette infinité de détails, ce tout, si intimement absolu, et si absolument étranger à ce qui est tracé là, sur les rails de la page, entre les quatre murs de la classe...

La pierre philosophale.

Ni plus, ni moins.

Il vient de découvrir la pierre philosophale.

16

On ne guérit pas de cette métamorphose. On ne revient pas indemne d'un tel voyage. A toute lecture préside, si inhibé soit-il, le *plaisir de lire*; et, par sa nature même — cette jouissance d'alchimiste — le plaisir de lire ne craint rien de l'image, même télévisuelle, et même sous forme d'avalanches quotidiennes.

Si pourtant le plaisir de lire s'est perdu (si, comme on dit, mon fils, ma fille, la jeunesse, n'aiment pas lire), il ne s'est pas perdu bien loin.

A peine égaré.

Facile à retrouver.

Encore faut-il savoir par quels chemins le rechercher, et, pour ce faire, énumérer quelques vérités sans rapport avec les effets de la modernité sur la jeunesse. Quelques vérités qui ne regardent que nous... Nous autres qui affirmons « aimer lire », et qui prétendons faire partager cet amour.

17

Donc, sur le coup de l'émerveillement, il revient de l'école assez fier de lui, plutôt heureux, même. Il exhibe ses taches d'encre comme autant de décorations. Les toiles d'araignée du stylo-bille quadricolore lui font une parure d'orgueil.

Un bonheur qui compense encore les premiers tourments de la vie scolaire : longueur absurde des journées, exigences de la maîtresse, boucan de la cantine, premiers troubles du cœur...

Il arrive, il ouvre son sac, il expose ses prouesses, il reproduit les mots sacrés (et si ce n'est « maman », ce sera « papa », ou « bonbon », ou « chat », ou son prénom...).

En ville, il devient la doublure infatigable de la grande épître publicitaire... RENAULT, SAMARITAINE, VOLVIC, CAMARGUE, les mots lui tombent du ciel, leurs syllabes colorées explosent dans sa bouche. Pas une seule marque de lessive ne résiste à sa passion du décryptage :

— « La - ve - plus - blanc », qu'est-ce que ça veut dire, « laveuplublanc » ?

Car l'heure a sonné des questions essentielles.

18

Nous sommes-nous laissé aveugler par cet enthousiasme ? Avons-nous cru qu'il suffisait à un enfant de
jouir des mots pour maîtriser les livres ? Avons-nous
pensé que l'apprentissage de la lecture allait de soi,
comme ceux de la marche verticale ou du langage —
un autre privilège de l'espèce, en somme ? Quoi qu'il en
soit, c'est le moment que nous avons choisi pour
mettre fin à nos lectures du soir.

L'école lui apprenait à lire, il y mettait de la passion,
c'était un tournant de sa vie, une autonomie nouvelle,
une autre version du premier pas, voilà ce que nous
nous sommes dit, très confusément, sans nous le dire
vraiment, tant l'événement nous parut « naturel », une
étape comme une autre dans une évolution biologique
sans heurt.

Il était « grand » à présent, il pouvait lire tout seul,
marcher seul dans le territoire des signes...

Et nous rendre enfin à notre quart d'heure de
liberté.

Sa fierté toute neuve ne fit pas grand-chose pour
nous contredire. Il se glissait dans son lit, BABAR

45

grand ouvert sur ses genoux, un pli de concentration farouche entre les deux yeux : il *lisait*.

Rassurés par cette pantomime, nous quittions sa chambre sans comprendre — ou sans vouloir nous avouer — que ce qu'un enfant apprend d'abord, ce n'est pas l'acte, mais *le geste de l'acte*, et que, si elle peut aider à l'apprentissage, cette ostentation est d'abord destinée à le rassurer, en nous complaisant.

19

Nous ne sommes pas devenus des parents indignes pour autant. Nous ne l'avons pas abandonné à l'école. Nous avons suivi de très près sa progression, au contraire. La maîtresse nous connaissait pour des parents attentifs, présents à toutes les réunions, « ouverts au dialogue ».

Nous avons aidé l'apprenti à faire ses devoirs. Et, quand il manifesta les premiers signes d'essoufflement en matière de lecture, nous avons bravement insisté pour qu'il lût sa page quotidienne, à voix haute, et qu'il en comprît le sens.

Pas toujours facile.

Un accouchement de chaque syllabe.

Le sens du mot perdu dans l'effort même de sa composition.

Le sens de la phrase atomisé par le nombre des mots.

Revenir en arrière.

Reprendre.

Inlassablement.

— Alors, qu'est-ce que tu viens de lire, là ? Qu'est-ce que ça *veut dire* ?

Et cela, au plus mauvais moment de la journée. Soit à son retour de l'école, soit à notre retour du travail. Soit au sommet de sa fatigue, soit au creux de nos forces.

— Tu ne fais aucun effort !

Enervement, cris, renoncements spectaculaires, portes qui claquent, ou entêtement :

— On reprend tout, on reprend tout depuis le début !

Et il reprenait, depuis le début, chaque mot déformé par le tremblement de ses lèvres.

— Ne joue pas la comédie !

Mais ce chagrin-là ne cherchait pas à nous donner le change. Un chagrin vrai, incontrôlable, qui nous disait la douleur, justement, de ne plus rien contrôler, de ne plus tenir le rôle à notre satisfaction, et qui s'alimentait à la source de notre inquiétude beaucoup plus qu'aux manifestations de notre impatience.

Car nous étions inquiets.

D'une inquiétude qui le compara très vite à d'autres enfants de son âge.

Et de questionner nos amis untels dont la fille, non, non, marchait très bien à l'école, et dévorait les livres, oui.

Etait-il sourd ? Dyslexique, peut-être ? Allait-il nous faire un « refus scolaire » ? Accumuler un retard irrécupérable ?

Consultations diverses : audiogramme tout ce qu'il y a de normal. Diagnostics rassurants des orthophonistes. Sérénité des psychologues...

Alors ?

Paresseux ?

Tout bêtement paresseux ?

Non, il allait à son rythme, voilà tout, et qui n'est pas nécessairement celui d'un autre, et qui n'est pas nécessairement le rythme uniforme d'une vie, son rythme d'apprenti lecteur, qui connaît ses accélérations et ses brusques régressions, ses périodes de boulimie et ses longues siestes digestives, sa soif de progresser et sa peur de décevoir...

Seulement, nous autres « pédagogues » sommes usuriers pressés. Détenteurs du Savoir, nous le prêtons contre intérêts. Il faut que ça rende. Et vite ! Faute de quoi, c'est de nous-mêmes que nous doutons.

20

Si, comme on le dit, mon fils, ma fille, les jeunes n'aiment pas lire — et le verbe est juste, c'est bien d'une blessure d'*amour* qu'il s'agit — il n'en faut incriminer ni la télévision, ni la modernité, ni l'école. Ou tout cela si l'on veut, mais seulement après nous être posé cette question première : qu'avons-nous fait du lecteur *idéal* qu'il était en ces temps où nous-mêmes jouions tout à la fois le rôle du conteur et du livre?

L'ampleur de cette trahison!

Nous formions, lui, le récit et nous, une Trinité chaque soir réconciliée; il se retrouve seul à présent, devant un livre hostile.

La légèreté de nos phrases le libérait de la pesanteur; l'indéchiffrable grouillement des lettres étouffe jusqu'à ses tentations de rêve.

Nous l'avions initié au voyage vertical; il est écrasé par la stupeur de l'effort.

Nous l'avions doté de l'ubiquité; le voilà pris dans sa chambre, dans sa classe, dans son livre, dans une ligne, dans un mot.

Où donc se cachent tous ces personnages magiques,

ces frères, ces sœurs, ces rois, ces reines, ces héros, tant pourchassés par tant de méchants, et qui le soulageaient du souci d'être en l'appelant à leur aide? Se peut-il qu'ils aient à voir avec ces traces d'encre brutalement écrasée qu'on appelle des lettres? Se peut-il que ces demi-dieux aient été émiettés à ce point, réduits à ça : des signes d'imprimerie? Et le livre devenu cet *objet*? Drôle de métamorphose! L'envers de la magie. Ses héros et lui étouffés ensemble dans la muette épaisseur du livre!

Et ce n'est pas la moindre des métamorphoses que cet acharnement de papa et de maman à vouloir, comme la maîtresse, lui faire libérer ce rêve embastillé.

— Alors, qu'est-ce qui lui est arrivé au prince, hein? J'attends!

Ces parents qui jamais, jamais, quand ils lui lisaient un livre ne se souciaient de savoir s'il avait bien *compris* que la Belle dormait au bois parce qu'elle s'était piquée à la quenouille, et Blanche Neige parce qu'elle avait croqué la pomme. (Les premières fois, d'ailleurs, il n'avait pas *compris*, pas vraiment. Il y avait tant de merveilles, dans ces histoires, tant de jolis mots, et tellement d'émotion! Il mettait toute son application à attendre son passage préféré, qu'il récitait en lui-même le moment venu; puis venaient les autres, plus obscurs, où se nouaient tous les mystères, mais peu à peu il *comprenait* tout, absolument tout, et savait parfaitement que si la Belle dormait, c'était pour cause de quenouille, et Blanche-Neige pour raison de pomme...)

— Je répète ma question : *qu'est-ce qui est arrivé à ce prince quand son père l'a chassé du château* ?

Nous insistons, nous insistons. Bon Dieu, il n'est pas pensable que ce gosse n'ait pas compris le contenu de ces quinze lignes ! Ce n'est tout de même pas la mer à boire, quinze lignes !

Nous étions son conteur, nous sommes devenu son comptable.

— Puisque c'est comme ça, pas de télévision tout à l'heure !

Eh ! oui...

Oui... La télévision élevée à la dignité de récompense... et, par corollaire, la lecture ravalée au rang de corvée... c'est de nous, cette trouvaille...

21

« *La lecture est le fléau de l'enfance et presque la seule occupation qu'on lui sait donner. (...) Un enfant n'est pas fort curieux de perfectionner l'instrument avec lequel on le tourmente ; mais faites que cet instrument serve à ses plaisirs et bientôt il s'y appliquera malgré vous.*

On se fait une grande affaire de chercher les meilleures méthodes d'apprendre à lire, on invente des bureaux, des cartes, on fait de la chambre d'un enfant un atelier d'imprimerie (...) Quelle pitié! Un moyen plus sûr que tous ceux-là, et celui qu'on oublie toujours, est le désir d'apprendre. Donnez à l'enfant ce désir, puis laissez-là vos bureaux (...) ; toute méthode lui sera bonne.

L'intérêt présent ; voilà le grand mobile, le seul qui mène sûrement et loin.

(...)

J'ajouterai ce seul mot qui fait une importante maxime ; c'est que d'ordinaire on obtient très sûrement et très vite ce qu'on n'est point pressé d'obtenir. »

D'accord, d'accord, Rousseau ne devrait pas avoir voix au chapitre, lui qui a jeté ses enfants avec l'eau du bain familial ! (Imbécile refrain...)

N'empêche... il intervient à propos pour nous rappeler que l'obsession adulte du « savoir lire » ne date pas d'hier... ni l'idiotie des trouvailles pédagogiques qui s'élaborent contre le désir d'apprendre.

Et puis (ô le ricanement de l'ange paradoxal !) il arrive qu'un mauvais père ait d'excellents principes d'éducation, et un bon pédagogue d'exécrables. C'est comme ça.

Mais, si Rousseau n'est pas recevable, que penser de Valéry, (Paul) — qui n'avait pas partie liée avec l'Assistance publique, lui — lorsque, faisant aux jeunes filles de l'austère *Légion d'honneur* le discours le plus édifiant qui soit, et le plus respectueux de l'institution scolaire, il passe tout à coup à l'essentiel de ce qu'on peut dire en matière d'amour, d'amour du livre :

« Mesdemoiselles, ce n'est point sous les espèces du vocabulaire et de la syntaxe que la Littérature commence à nous séduire. Rappelez-vous tout simplement comme les Lettres s'introduisent dans notre vie. Dans l'âge le plus tendre, à peine cesse-t-on de nous chanter la chanson qui fait le nouveau-né sourire et s'endormir, l'ère des contes s'ouvre. L'enfant les boit comme il buvait son lait. Il exige la suite et la répétition des merveilles ; il est un public impitoyable et excellent. Dieu sait que d'heures j'ai perdues pour abreuver de magiciens, de monstres, de pirates et de fées, des petits qui criaient : Encore ! *à leur père épuisé. »*

22

« *Il est un public impitoyable et excellent.* »

Il est, d'entrée de jeu, le bon lecteur qu'il restera si les adultes qui l'entourent nourrissent son enthousiasme au lieu de se prouver leur compétence, stimulent son désir d'apprendre avant de lui imposer le devoir de réciter, l'accompagnent dans son effort sans se contenter de l'attendre au tournant, consentent à perdre des soirées au lieu de chercher à gagner du temps, font vibrer le présent sans brandir la menace de l'avenir, se refusent à changer en corvée ce qui était un plaisir, entretiennent ce plaisir jusqu'à ce qu'il s'en fasse un devoir, fondent ce devoir sur la gratuité de tout apprentissage culturel, et retrouvent eux-mêmes le plaisir de cette gratuité.

23

Or, ce plaisir est tout proche. Facile à retrouver. Il suffit de ne pas laisser passer les années. Il suffit d'attendre la tombée de la nuit, d'ouvrir à nouveau la porte de sa chambre, de nous asseoir à son chevet, et de reprendre notre lecture commune.

Lire.

A voix haute.

Gratuitement.

Ses histoires préférées.

Ce qui se passe alors vaut la description. Pour commencer, il n'en croit pas ses oreilles. Chat échaudé craint les contes ! La couverture tirée jusqu'au menton, il est sur le qui-vive ; il attend le piège :

— Bon, qu'est-ce que je viens de lire ? Tu as compris ?

Mais voilà, nous ne lui posons pas ces questions. Ni aucune autre. Nous nous contentons de lire. Gratis. Il se détend peu à peu. (Nous aussi.) Il retrouve lentement cette concentration rêveuse qui faisait son visage du soir. Et il nous reconnaît enfin. A notre voix recomposée.

Il se peut que, sous le choc, il s'endorme dès les premières minutes... le soulagement.

Le lendemain soir, mêmes retrouvailles. Et même lecture, probablement. Oui, il y a des chances pour qu'il nous réclame le même conte, histoire de se prouver qu'il n'a pas rêvé la veille, et qu'il nous pose les mêmes questions, aux mêmes endroits, juste pour la joie de nous entendre lui donner les mêmes réponses. La répétition rassure. Elle est preuve d'intimité. Elle en est la respiration même. Il a bien besoin de retrouver ce souffle-là :

— Encore !

« Encore, encore... » veut dire, en gros : « Faut-il que nous nous aimions, toi et moi, pour nous satisfaire de cette seule histoire, indéfiniment répétée ! » Relire, ce n'est pas se répéter, c'est donner une preuve toujours nouvelle d'un amour infatigable.

Donc nous relisons.

Sa journée est derrière lui. Nous sommes ici, enfin ensemble, enfin *ailleurs*. Il a retrouvé le mystère de la Trinité : lui, le texte, et nous (dans l'ordre qu'on voudra car tout le bonheur vient justement de ne pouvoir mettre en ordre les éléments de cette fusion !).

Jusqu'à ce qu' il s'offre l'ultime plaisir du lecteur, qui est de se lasser du texte, et nous demande de passer à un autre.

Combien de soirées avons-nous ainsi perdues à déverrouiller les portes de l'imaginaire ? Quelques-unes, pas beaucoup plus. Quelques autres, admettons. Mais le jeu en valait la chandelle. Le voici de nouveau ouvert à tous les récits possibles.

Cependant, l'école poursuit son apprentissage. S'il

ne marque pas encore de progrès dans l'ânonnement de ses lectures scolaires, ne nous affolons pas, le temps est avec nous depuis que nous avons renoncé à lui en faire gagner.

Le progrès, le fameux « progrès », se manifestera sur un autre terrain, à un moment inattendu.

Un soir, parce que nous aurons sauté une ligne, nous l'entendrons crier :

— Tu as sauté un passage !

— Pardon ?

— Tu en as passé, tu as sauté un passage !

— Mais non, je t'assure...

— Donne !

Il nous prendra le livre des mains, et, d'un doigt victorieux, désignera la ligne sautée. *Qu'il lira à voix haute.*

C'est le premier signe.

Les autres suivront. Il prendra l'habitude d'interrompre notre lecture :

— Comment ça s'écrit ?

— Quoi donc ?

— Préhistorique.

— P.R.E.I.S...

— Fais voir !

Ne nous faisons pas d'illusion, cette brusque curiosité tient un peu à sa toute récente vocation d'alchimiste, certes, mais surtout à son désir de prolonger la veillée.

(Prolongeons, prolongeons...)

Un autre soir, il décrétera :

— Je lis avec toi !

Sa tête par-dessus notre épaule, il suivra un moment des yeux les lignes que nous lui lisons.

Ou bien :

— C'est moi qui commence !

Et de se lancer à l'assaut du premier paragraphe.

Laborieuse, sa lecture, d'accord, vite essoufflée, soit... N'empêche, la paix retrouvée, il lit sans peur. Et lira de mieux en mieux, de plus en plus volontiers.

— Ce soir, c'est moi qui lis !

Le même paragraphe, évidemment — vertus de la répétition — puis un autre, son « passage préféré », puis des textes entiers. Des textes qu'il connaît presque par cœur, qu'il *reconnaît* plus qu'il ne les lit, mais qu'il lit tout de même pour la joie de les reconnaître. L'heure n'est plus loin maintenant, où nous le surprendrons, à un moment ou à un autre de la journée, *Les Contes du chat perché* sur les genoux, et peignant avec Delphine et Marinette les animaux de la ferme.

Il y a quelques mois de cela, il n'en revenait pas de reconnaître « maman » ; aujourd'hui, c'est un récit qui émerge tout entier de la pluie des mots. Il est devenu le héros de ses lectures, celui que l'auteur avait mandaté de toute éternité pour venir délivrer les personnages pris dans la trame du texte — afin qu'eux-mêmes l'arrachent aux contingences du jour.

Voilà. C'est gagné.

Et, si nous voulons lui faire un ultime plaisir, il suffit de nous endormir pendant qu'il nous fait la lecture.

24

« *On ne fera jamais comprendre à un garçon qui, le soir, est au beau milieu d'une histoire captivante, on ne lui fera jamais comprendre par une démonstration limitée à lui-même qu'il lui faut interrompre sa lecture et aller se coucher.* »

C'est Kafka qui dit cela, dans son journal, le petit Franz, dont le papa eût préféré qu'il passât toutes les nuits de sa vie à compter.

II

IL FAUT LIRE

(Le dogme)

25

Reste la question du grand, là-haut, dans sa chambre.

Lui aussi, il aurait bien besoin d'être réconcilié avec « les livres » !

Maison vide, parents couchés, télévision éteinte, il se retrouve donc seul... devant la page 48.

Et cette « fiche de lecture » à rendre demain...

Demain...

Bref calcul mental :

$446 - 48 = 398$.

Trois cent quatre-vingt-dix-huit pages à s'envoyer dans la nuit !

Il s'y remet bravement. Une page poussant l'autre. Les mots du « livre » dansent entre les oreillettes de son walkman. Sans joie. Les mots ont des pieds de plomb. Ils tombent les uns après les autres, comme ces chevaux qu'on achève. Même le solo de batterie n'arrive pas à les ressusciter. (Un fameux batteur, pourtant, Kendall !) Il poursuit sa lecture sans se retourner sur le cadavre des mots. Les mots ont rendu leur sens, paix à leurs lettres. Cette hécatombe ne l'effraye pas. Il lit comme on avance. C'est le devoir qui le pousse. Page 62, page 63.

Il lit.

Que lit-il ?

L'histoire d'Emma Bovary.

L'histoire d'une fille qui avait beaucoup lu :

« *Elle avait lu* Paul et Virginie *et elle avait rêvé la maisonnette de bambous, le nègre Domingo, le chien Fidèle, mais surtout l'amitié douce de quelque bon petit frère, qui va chercher pour vous des fruits rouges dans des grands arbres plus hauts que des clochers, ou qui court pieds nus sur le sable, vous apportant un nid d'oiseau.* »

Le mieux est de téléphoner à Thierry, ou à Stéphanie, pour qu'ils lui passent leur fiche de lecture, demain matin, qu'il recopiera vite fait, avant d'entrer en cours, ni vu ni connu, ils lui doivent bien ça.

« *Lorsqu'elle eut treize ans, son père l'amena lui-même à la ville pour la mettre au couvent. Ils descendirent dans une auberge du quartier Saint-Gervais où ils eurent à leur souper des assiettes peintes qui représentaient l'histoire de mademoiselle de La Vallière. Les explications légendaires, coupées çà et là par l'égratignure des couteaux, glorifiaient toutes la religion, les délicatesses du cœur et les pompes de la Cour.* »

La formule : « *Ils eurent à leur souper des assiettes peintes...* » lui arrache un sourire fatigué : « On leur a donné à bouffer des assiettes vides ? On leur a fait becqueter l'histoire de cette La Vallière ? » Il fait le malin. Il se croit en marge de sa lecture. Erreur, son ironie a tapé dans le mille. Car leurs malheurs symétriques viennent de là : Emma est capable d'envisager son assiette comme un livre, et lui son livre comme une assiette.

26

Pendant ce temps, au lycée (comme disaient en italiques les bandes dessinées belges de leur génération), les parents :

— Vous savez, mon fils... ma fille... les livres...

Le professeur de français a compris : l'élève en question « n'aime pas lire ».

— D'autant plus surprenant qu'enfant, il lisait beaucoup... il dévorait, même, n'est-ce pas, chéri, on peut dire qu'il dévorait ?

Chéri opine : il dévorait.

— Il faut dire que nous lui avons interdit la télévision !

(Un autre cas de figure celui-là : l'interdiction absolue de la télé. Résoudre le problème en supprimant son énoncé, encore un fameux truc pédagogique !)

— C'est vrai, pas de télévision pendant l'année scolaire, c'est un principe sur lequel nous n'avons jamais transigé !

Pas de télévision, mais piano de cinq à six, guitare de six à sept, danse le mercredi, judo, tennis, escrime le samedi, ski de fond dès les premiers flocons, stage de voile dès les premiers rayons, poterie les jours de pluie, voyage en Angleterre, gymnastique rythmique...

Pas la moindre chance donnée au plus petit quart d'heure de retrouvailles avec soi-même.

Sus au rêve !

Haro sur l'ennui !

Le bel ennui...

Le long ennui...

Qui rend toute création possible...

— Nous faisons en sorte qu'il ne s'ennuie jamais. (Pauvre de lui...)

— Nous sommes, comment dire ? nous sommes attentifs à lui donner une formation complète...

— Efficace, surtout, chérie, je dirais plutôt *efficace*.

— Sans quoi nous ne serions pas là.

— Par bonheur, ses résultats en math ne sont pas mauvais...

— Evidemment, le français...

O le pauvre, le triste, le pathétique effort que nous imposons à notre orgueil d'aller ainsi, bourgeois de Calais et d'ici, les clefs de notre échec tendues devant nous, rendre visite au professeur de français — qui écoute, le professeur, et qui dit oui-oui, et qui aimerait bien se faire une illusion, une seule fois dans sa longue vie de prof, se faire une toute petite illusion... mais non :

— Pensez-vous qu'un échec en français puisse être une cause de redoublement ?

27

Ainsi vont nos existences : lui dans le trafic des fiches de lecture, nous face au spectre de son redoublement, le professeur de français en sa matière bafouée... Et que vive le livre !

28

Très vite, un professeur devient un vieux professeur. Ce n'est pas que le métier use plus qu'un autre, non... c'est d'entendre tant de parents lui parler de tant d'enfants — et parler d'eux-mêmes ce faisant — et d'entendre tant de récits de vies, tant de divorces, tant d'histoires de familles : maladies infantiles, adolescents qu'on ne maîtrise plus, filles chéries dont l'affection vous échappe, tant d'échecs pleurés, tant de réussites brandies, tant d'opinions sur tant de sujets, et sur la nécessité de lire, en particulier, l'absolue nécessité de lire, qui fait l'unanimité.

Le dogme.

Il y a ceux qui n'ont jamais lu et qui s'en font une honte, ceux qui n'ont plus le temps de lire et qui en cultivent le regret, il y a ceux qui ne lisent pas de romans, mais des livres *utiles*, mais des essais, mais des ouvrages techniques, mais des biographies, mais des livres d'histoire, il y a ceux qui lisent tout et n'importe quoi, ceux qui « dévorent » et dont les yeux brillent, il y a ceux qui ne lisent que les classiques, monsieur, « car il n'est meilleur critique que le tamis du temps », ceux qui passent leur maturité à « relire », et ceux qui ont lu le dernier untel et le dernier tel autre, car il faut bien, monsieur, se tenir au courant...

Mais tous, tous, au nom de la nécessité de lire.

Le dogme.

Y compris celui qui, s'il ne lit plus aujourd'hui, vous affirme que c'est pour avoir beaucoup lu hier, seulement il a désormais ses études derrière lui, et sa vie « réussie », grâce à lui, certes (il est de ceux « qui ne doivent rien à personne »), mais il reconnaît volontiers que ces livres, dont il n'a plus besoin, lui ont été bien utiles... indispensables, même, oui, in-dis-pen-sables ! »

— Il faudra pourtant que ce gosse se fourre ça dans la tête !

Le dogme.

29

Or, « le gosse » a *ça* dans la tête. Pas une seconde, il ne remet le dogme en question. C'est du moins ce qui ressort clairement de sa dissertation :

Sujet : *Que pensez-vous de cette injonction de Gustave Flaubert à son amie Louise Collet :* « Lisez pour vivre ! »

Le gosse est d'accord avec Flaubert, le gosse et ses copains, et ses copines, tous d'accord : « *Flaubert avait raison !* » Une unanimité de trente-cinq copies : il faut lire, il faut lire pour vivre, et c'est même — cette absolue nécessité de la lecture — ce qui nous distingue de la bête, du barbare, de la brute ignorante, du sectaire hystérique, du dictateur triomphant, du matérialiste boulimique, il faut lire ! il faut lire !
— Pour apprendre.
— Pour réussir nos études.
— Pour nous informer.
— Pour savoir d'où l'on vient.
— Pour savoir qui l'on est.

— Pour mieux connaître les autres.
— Pour savoir où l'on va.
— Pour conserver la mémoire du passé.
— Pour éclairer notre présent.
— Pour profiter des expériences antérieures.
— Pour ne pas refaire les bêtises de nos aïeux.
— Pour gagner du temps.
— Pour nous évader.
— Pour chercher un sens à la vie.
— Pour comprendre les fondements de notre civilisation.
— Pour entretenir notre curiosité.
— Pour nous distraire.
— Pour nous informer.
— Pour nous cultiver.
— Pour communiquer.
— Pour exercer notre esprit critique.

Et le professeur d'approuver en marge : « *oui, oui, B, TB ! AB, exact, intéressant, en effet, très juste* », et de se retenir pour ne pas s'écrier : « *Encore ! Encore !* » lui qui, dans le couloir du lycée, ce matin, a vu « le gosse » recopier à toute vapeur sa fiche de lecture sur celle de Stéphanie, lui qui sait d'expérience que la plupart des citations rencontrées sur le chemin de ces écritures sages sortent d'un dictionnaire idoine, lui qui comprend au premier coup d'œil que les exemples choisis (« *vous citerez des exemples tirés de votre expérience personnelle* ») viennent de lectures faites par d'autres, lui dont les oreilles résonnent encore des hurlements qu'il a déchaînés en imposant la lecture du prochain roman :

— Quoi ? Quatre cents pages, en quinze jours ! mais on n'y arrivera jamais m'sieur !

— Il y a le contrôle de math !

— Et la disserte d'éco à rendre la semaine prochaine !

Et, bien qu'il connaisse le rôle joué par la télévision dans l'adolescence de Mathieu, de Leïla, de Brigitte, de Camel ou de Cédric, le professeur approuve encore, de tout le rouge de son stylo, lorsque Cédric, Camel, Brigitte, Leïla ou Mathieu affirment que la télé (« *pas d'abréviations dans vos copies !* ») est l'ennemie Numéro Un du livre — et même le cinéma si l'on y songe bien — car l'un et l'autre supposent la passivité la plus amorphe, là où lire relève de l'acte responsable. (*TB !*)

Ici, pourtant, le professeur pose son stylo, lève l'œil comme un élève en rêverie, et se demande — oh ! pour lui seul — si certains films, tout de même, ne lui ont pas laissé des souvenirs de livres. Combien de fois a-t-il « relu » *La Nuit du chasseur, Amarcord, Manhattan, Chambre avec vue, Le Festin de Babette, Fanny et Alexandre* ? Ces images lui semblaient porteuses du mystère des signes. Bien sûr, ce ne sont pas là propos de spécialiste — il ne connaît rien à la syntaxe cinématographique et n'entend pas le lexique des cinéphiles —, ce ne sont là que propos de ses yeux, mais ses yeux lui disent clairement qu'il est des images dont on n'épuise pas le sens et dont la traduction renouvelle chaque fois l'émotion, et même des images de télévision, oui : le visage du vieux père Bachelard, dans le temps, à *Lectures pour tous*,... la mèche de Jankélévitch à *Apostrophes*... ce but de Papin contre les Milanais de Berlusconi...

Mais l'heure tourne. Il se remet à ses corrections. (Qui dira jamais la solitude du correcteur de fond ?) A quelques copies de là, les mots commencent à sautiller sous ses yeux. Les arguments ont tendance à se répéter. L'énervement le gagne. C'est un bréviaire que lui récitent ses élèves : Il faut lire, il faut lire ! l'interminable litanie de la parole éducative : *Il faut lire*... quand chacune de leurs phrases prouve qu'ils ne lisent jamais !

30

— Mais pourquoi te mets-tu dans des états pareils, mon chéri ? Vos élèves écrivent ce que vous attendez d'eux !

— A savoir ?

— Qu'il faut lire ! Le dogme ! Tu ne t'attendais tout de même pas à trouver un paquet de copies à la gloire des autodafés ?

— Ce que j'attends, moi, c'est qu'ils débranchent leurs walkmans et qu'ils se mettent à lire pour de bon !

— Pas du tout... Ce que tu attends, toi, c'est qu'ils te rendent de bonnes fiches de lecture sur les romans que *tu leur imposes*, qu'ils « interprètent » correctement les poèmes de *ton* choix, qu'au jour du bac ils analysent finement les textes de *ta* liste, qu'ils « commentent » judicieusement, ou « résument » intelligemment ce que l'examinateur leur collera sous le nez ce matin-là... Mais ni l'examinateur, ni toi, ni les parents, ne souhaitent particulièrement que ces enfants lisent. Ils ne souhaitent pas non plus le contraire, note. Ils souhaitent qu'ils réussissent leurs études, un point c'est tout ! Pour le reste, ils ont d'autres chats à fouetter.

D'ailleurs, Flaubert aussi avait d'autres chats à fouetter ! S'il renvoyait la Louise à ses bouquins, c'était pour qu'elle lui fiche la paix, qu'elle le laisse travailler tranquille à sa Bovary, et qu'elle n'aille pas lui faire un enfant dans le dos. La voilà, la vérité, tu le sais très bien. « Lisez pour vivre », sous la plume de Flaubert quand il écrivait à Louise, ça voulait dire en clair : « Lisez pour *me* laisser vivre », tu le leur as expliqué, ça, à tes élèves ? Non ? Pourquoi ?

Elle sourit. Elle pose la main sur la sienne :

— Il faut t'y faire, mon chéri : *le culte du livre relève de la tradition orale.* Et tu en es le grand prêtre.

31

« Je n'ai trouvé de stimulant d'aucune sorte dans les cours dispensés par l'Etat. Même si la matière de l'enseignement avait été plus riche et plus passionnante qu'elle ne l'était en réalité, la pédanterie morose des professeurs bavarois m'aurait encore dégoûté du sujet le plus intéressant. »...

« Tout ce que je possède de culture littéraire, je l'ai acquis en dehors de l'école. »...

« Les voix des poètes se confondent dans mon souvenir avec les voix de ceux qui me les firent d'abord connaître : il est certains chefs-d'œuvre de l'école romantique allemande que je ne peux relire sans réentendre l'intonation de la voix émue et bien timbrée de Mielen. Aussi longtemps que nous fûmes des enfants qui avaient de la peine à lire eux-mêmes, elle eut pour habitude de nous faire la lecture. »

(...)

« Et cependant, nous écoutions avec encore plus de recueillement la voix tranquille du Magicien... Ses auteurs préférés étaient les Russes. Il nous lisait Les

Cosaques *de Tolstoï et les paraboles étrangement enfantines, d'un didactisme simpliste, de sa dernière période...* *Nous écoutions des histoires de Gogol et même une œuvre de Dostoïevski — cette farce inquiétante intitulée* Une ridicule histoire. »

(...)

« *Sans aucun doute, les belles heures du soir passées dans le cabinet de notre père stimulaient non seulement notre imagination, mais aussi notre curiosité. Une fois que l'on a goûté au charme ensorceleur de la grande littérature et au réconfort qu'elle procure, on voudrait en connaître toujours davantage — d'autres « histoires ridicules », et des paraboles pleines de sagesse, et des contes aux significations multiples, et d'étranges aventures. Et c'est ainsi que l'on commence à lire soi-même* * *...* »

Ainsi disait Klaus Mann ; fils de Thomas, le Magicien, et de Mielen, à la voix émue et bien timbrée.

* Klaus Mann, *Le Tournant* (Editions Solin). Traduit par Nicole Roche

32

Tout de même déprimante, cette unanimité... Comme si, des observations de Rousseau sur l'apprentissage de la lecture, à celles de Klaus Mann sur l'enseignement des Lettres par l'Etat bavarois, en passant par l'ironie de la jeune épouse du professeur pour aboutir aux lamentations des élèves d'ici et d'aujourd'hui, le rôle de l'école se bornait partout et toujours à l'apprentissage de techniques, au devoir de commentaire, et coupait l'accès immédiat aux livres par la proscription du plaisir de lire. Il semble établi de toute éternité, sous toutes les latitudes, que le plaisir n'a pas à figurer au programme des écoles et que la connaissance ne peut qu'être le fruit d'une souffrance bien comprise.

Cela se défend, bien entendu.

Les arguments ne manquent pas.

L'école ne peut être une école du plaisir, lequel suppose une bonne dose de gratuité. Elle est une fabrique nécessaire de savoir qui requiert l'effort. Les matières enseignées y sont les outils de la conscience. Les professeurs en charge de ces matières en sont les initiateurs, et on ne peut exiger d'eux qu'ils vantent la gratuité de l'apprentissage intellectuel, quand tout, absolument tout dans la vie scolaire — programmes, notes, examens, classements, cycles, orientations, sections — affirme la finalité compétitive de l'institution, elle-même induite par le marché du travail.

Que l'écolier, de temps à autre, rencontre un professeur dont l'enthousiasme semble considérer les mathématiques en elles-mêmes, qui les enseigne comme un des Beaux-Arts, qui les fait aimer par la vertu de sa propre vitalité, grâce à qui l'effort devienne un plaisir, cela tient au hasard de la rencontre, pas au génie de l'Institution.

C'est le propre des êtres vivants de faire aimer la vie, même sous la forme d'une équation du second degré, mais la vitalité n'a jamais été inscrite au programme des écoles.

La fonction est ici.

La vie est ailleurs.

Lire, cela s'apprend à l'école.

Aimer lire...

33

Il faut lire, il faut lire...

Et si, au lieu d'*exiger la lecture* le professeur décidait soudain de *partager* son propre bonheur de lire ?

Le bonheur de lire ? Qu'est-ce c'est que ça, le bonheur de lire ?

Questions qui supposent un fameux retour sur soi, en effet !

Et pour commencer, l'aveu de cette vérité qui va radicalement à l'encontre du dogme : la plupart des lectures qui nous ont façonnés, nous ne les avons pas faites *pour*, mais *contre*. Nous avons lu (et nous lisons) comme on se retranche, comme on refuse, ou comme on s'oppose. Si cela nous donne des allures de fuyards, si la réalité désespère de nous atteindre derrière le « charme » de notre lecture, nous sommes des fuyards occupés à nous construire, des évadés en train de naître.

Chaque lecture est un acte de résistance. De résistance à quoi ? A toutes les contingences. Toutes :

— Sociales.

— Professionnelles.

— Psychologiques.
— Affectives.
— Climatiques.
— Familiales.
— Domestiques.
— Grégaires.
— Pathologiques.
— Pécuniaires.
— Idéologiques.
— Culturelles.
— Ou nombrilaires.

Une lecture bien menée sauve de tout, y compris de soi-même.

Et, par-dessus tout, nous lisons contre la mort.

C'est Kafka lisant contre les projets mercantiles du père, c'est Flannery O'Connor lisant Dostoïevski contre l'ironie de la mère (« *L'Idiot* ? Ça te ressemble de commander un livre avec un nom pareil ! »), c'est Thibaudet lisant Montaigne dans les tranchées de Verdun, c'est Henri Mondor plongé dans *son* Mallarmé sous la France de l'Occupation et du marché noir, c'est le journaliste Kauffmann relisant indéfiniment le même tome de *Guerre et Paix* dans les geôles de Beyrouth, c'est ce malade, opéré sans anesthésie, dont Valéry nous dit qu'il « *trouva quelque adoucissement, ou plutôt, quelque relais de ses forces, et de sa patience, à se réciter, entre deux extrêmes de douleur, un poème qu'il aimait.* » Et c'est bien sûr, l'aveu de Montesquieu dont le détournement pédagogique donna à noircir tant de dissertations : « *L'étude a été pour moi le souverain remède contre les dégoûts, n'ayant jamais eu de chagrin qu'une heure de lecture ne m'ait ôté.* »

Mais c'est, plus quotidiennement, le refuge du livre contre le crépitement de la pluie, le silencieux éblouissement des pages contre la cadence du métro, le roman planqué dans le tiroir de la secrétaire, la petite lecture du prof quand planchent ses élèves, et l'élève de fond de classe lisant en douce, en attendant de rendre copie blanche...

34

Difficile d'enseigner les Belles-Lettres, quand la lecture commande à ce point le retrait et le silence !

La lecture, acte de communication ? Encore une jolie blague de commentateurs ! Ce que nous lisons, nous le taisons. Le plaisir du livre lu, nous le gardons le plus souvent au secret de notre jalousie. Soit parce que nous n'y voyons pas matière à discours, soit parce que, avant d'en pouvoir dire un mot, il nous faut laisser le temps faire son délicieux travail de distillation. Ce silence-là est le garant de notre intimité. Le livre est lu mais nous y sommes encore. Sa seule évocation ouvre un refuge à nos refus. Il nous préserve du Grand Extérieur. Il nous offre un observatoire planté très au-dessus des paysages contingents. Nous avons lu et nous nous taisons. Nous nous taisons *parce que* nous avons lu. Il ferait beau voir qu'un embusqué nous attende au tournant de notre lecture pour nous demander : « Aloooors ? C'est beau ? Tu as compris ? Au rapport ! »

Parfois, c'est l'humilité qui commande notre silence. Pas la glorieuse humilité des analystes professionnels, mais la conscience intime, solitaire, presque douloureuse, que cette lecture-ci, que cet auteur-là, viennent, comme on dit, de « changer ma vie » !

Ou, tout à coup, cet autre éblouissement, à rendre aphone : comment se peut-il que ce qui vient de me bouleverser à ce point n'ait en rien modifié l'ordre du monde ? Est-il possible que notre siècle ait été ce qu'il fut après que Dostoïevski eut écrit *Les Possédés* ? D'où viennent Pol Pot et les autres quand on a imaginé le personnage de Piotr Verkhovensky ? Et l'épouvante des camps, si Tchekhov a écrit *Sakhaline* ? Qui s'est éclairé à la blanche lumière de Kafka où nos pires évidences se découpaient comme plaques de zinc ? Et, alors même que se déroulait l'horreur, qui a entendu Walter Benjamin ? Et comment se fait-il, quand tout fut accompli, que la terre entière n'ait pas lu *L'Espèce humaine* de Robert Antelme, ne serait-ce que pour libérer le Christ de Carlo Levi, définitivement arrêté à Eboli ?

Que des livres puissent à ce point bouleverser notre conscience et laisser le monde aller au pire, voilà de quoi rester muet.

Silence, donc...

Sauf, bien entendu, pour les phraseurs du pouvoir culturel.

Ah ! ces propos de salons où, personne n'ayant rien à dire à personne, la lecture passe au rang des sujets de conversation possibles. Le roman ravalé à une stratégie de la *communication* ! Tant de hurlements silencieux, tant de gratuité obstinée pour que ce crétin aille draguer cette pimbêche : « Comment, vous n'avez pas lu le *Voyage au bout de la nuit* ? »

On tue pour moins que ça.

35

Pourtant, si la lecture n'est pas un acte de communication *immédiate*, elle est, *finalement*, objet de partage. Mais un partage longuement différé, et farouchement sélectif.

Si nous faisions la part des grandes lectures que nous devons à l'Ecole, à la Critique, à toutes formes de publicité, ou, au contraire, à l'ami, à l'amant, au camarade de classe, voire même à la famille — quand elle ne range pas les livres dans le placard de l'éducation — le résultat serait clair : ce que nous avons lu de plus beau, c'est le plus souvent à un être cher que nous le devons. Et c'est à un être cher que nous en parlerons d'abord. Peut-être, justement, parce que le propre du sentiment, comme du désir de lire, consiste à *préférer*. Aimer c'est, finalement, faire don de nos préférences à ceux que nous préférons. Et ces partages peuplent l'invisible citadelle de notre liberté. Nous sommes habités de livres et d'amis.

Quand un être cher nous donne un livre à lire, c'est lui que nous cherchons d'abord dans les lignes, ses goûts, les raisons qui l'ont poussé à nous flanquer ce bouquin entre les mains, les signes d'une fraternité. Puis, le texte nous emporte et nous oublions celui qui nous y a plongé ; c'est toute la puissance d'une œuvre, justement, que de balayer aussi cette contingence-là !

Pourtant, les années passant, il arrive que l'évocation du texte rappelle le souvenir de l'autre ; certains titres redeviennent alors des visages.

Et, pour être tout à fait juste, pas toujours le visage d'un être aimé, mais celui (oh ! rarement) de tel critique, ou de tel professeur.

Ainsi de Pierre Dumayet, de son regard, de sa voix, de ses silences, qui, dans le *Lectures pour tous* de mon enfance, disaient tout son respect du lecteur que, grâce à lui, j'allais devenir. Ainsi de ce professeur, dont la passion des livres savait trouver toutes les patiences et nous donner même l'illusion de l'amour. Fallait-il qu'il nous préfère — ou qu'il nous estime — nous autres ses élèves, pour nous donner à lire ce qui lui était le plus cher !

36

Dans la biographie qu'il consacre au poète Georges Perros*, Jean-Marie Gibbal cite cette phrase d'une étudiante de Rennes où Perros enseignait :

« *Il (Perros) arrivait le mardi matin, ébouriffé de vent et de froid sur sa moto bleue et rouillée. Voûté, dans un caban marine, la pipe à la bouche ou dans la main. Il vidait une sacoche de livres sur la table. Et c'était la vie.* »

Quinze ans plus tard, la merveilleuse émerveillée en parle encore. Le sourire baissé sur sa tasse de café, elle réfléchit, rappelle lentement les souvenirs à elle, puis :

— Oui, c'était la vie : une demi-tonne de bouquins, des pipes, du tabac, un numéro de *France-soir* ou de *L'Equipe*, des clefs, des carnets, des factures, une bougie de sa moto... De ce fatras, il tirait un livre, il nous regardait, il partait d'un rire qui nous mettait en appétit, et il se mettait à lire. Il marchait en lisant, une

* Editions Plon.

main dans la poche, l'autre, celle qui tenait le livre, un peu tendue, comme si, le lisant, il nous l'offrait. Toutes ses lectures étaient des cadeaux. Il ne nous demandait rien en échange. Quand l'attention de l'un ou l'une d'entre nous fléchissait, il s'arrêtait de lire une seconde, regardait le rêveur et sifflotait. Ce n'était pas une remontrance, c'était un rappel joyeux à la conscience. Il ne nous perdait jamais de vue. Même au plus profond de sa lecture, il nous regardait par-dessus les lignes. Il avait une voix sonore et lumineuse, un peu feutrée, qui remplissait parfaitement le volume des classes, comme elle aurait comblé un amphi, un théâtre, le champ de Mars, sans que jamais un mot soit prononcé au-dessus d'un autre. Il prenait d'instinct les mesures de l'espace et de nos cervelles. Il était la caisse de résonance naturelle de tous les livres, l'incarnation du texte, le livre fait homme. Par sa voix nous découvrions soudain que tout cela avait été écrit *pour nous*. Cette découverte intervenait après une interminable scolarité où l'enseignement des Lettres nous avait tenus à distance respectueuse des livres. Que faisait-il donc de plus que nos autres professeurs ? Rien de plus. A certains égards, il en faisait même beaucoup moins. Seulement voilà, il ne nous livrait pas la littérature au compte-gouttes analytique, il nous la servait par rasades généreuses... Et nous comprenions tout ce qu'il nous lisait. Nous *l'entendions*. Pas de plus lumineuse explication de texte que le son de sa voix quand il anticipait l'intention de l'auteur, révélait un sous-entendu, dévoilait une allusion... il rendait le contre-sens impossible. Absolument inimaginable, après l'avoir entendu lire *La Double Inconstance*, de continuer à déconner sur le « marivaudage » et d'habiller en rose les poupées humaines de ce théâtre de la dissection. C'était dans un laboratoire que nous introduisait la précision de sa voix, à une vivisection que nous invitait la lucidité de sa diction. Il n'en rajoutait pourtant pas dans ce sens et ne faisait pas de Marivaux l'antichambre de Sade. N'empêche, tout le temps que durait sa lecture, nous avions la sensation de voir en coupe les cerveaux d'Arlequin et de Silvia, comme si nous étions nous-mêmes les laborantins de cette expérience.

Il nous donnait une heure de cours par semaine. Cette heure-là ressemblait à sa musette : un déménagement. Quand il nous quitta à la fin de l'année, je fis mes comptes : Shakespeare, Proust, Kafka, Vialatte, Strindberg, Kierkegaard, Molière, Beckett, Marivaux, Valéry, Huysmans, Rilke, Bataille, Gracq, Hardellet, Cervantès, Laclos, Cioran, Tchekhov, Henri Thomas, Butor... je les cite en vrac et j'en oublie autant. En dix ans, je n'en avais pas entendu le dixième !

Il nous parlait de tout, nous lisait tout, *parce qu'il ne nous supposait pas de bibliothèque dans la tête.* C'était le degré zéro de la mauvaise foi. Il nous prenait pour ce que nous étions, des jeunes bacheliers incultes et qui méritaient de savoir. Et pas question de patrimoine culturel, de sacrés secrets accrochés aux étoiles ; avec lui, les textes ne tombaient pas du ciel, il les ramassait par terre et nous les offrait à lire. Tout était là, autour de nous, bruissant de vie. Je me rappelle notre déception, au début, quand il aborda les ténors, ceux dont nos professeurs nous avaient tout de même parlé, les rares que nous nous imaginions bien connaître : La Fontaine, Molière... En une heure, ils perdirent leur statut de divinités scolaires pour nous devenir intimes et mystérieux — c'est-à-dire indispensables. Perros ressuscitait les auteurs. Lève-toi et marche : d'Apollinaire à Zola, de Brecht à Wilde, ils rappliquaient tous dans notre classe, bien vivants, comme s'ils sortaient de chez Michou, le café d'en face. Café où il nous offrait parfois une deuxième mi-temps. Il ne jouait pas les prof-copain pourtant, ce n'était pas le genre. Il poursuivait tout bonnement ce qu'il appelait son « *cours d'ignorance* ». Avec lui la culture cessait d'être une religion d'Etat et le comptoir d'un bar faisait une chaire aussi présentable qu'une estrade. Nous-mêmes, à l'écouter, nous ne nous sentions pas l'envie d'entrer en religion, de prendre l'habit du savoir. Nous avions envie de lire, un point c'est tout... Dès qu'il se taisait, nous dévalisions les librairies de Rennes et de Quimper. Et plus nous lisions, plus, en effet, nous nous sentions ignorants, seuls sur la grève de notre ignorance, et face à la mer. Seulement, avec lui, nous n'avions plus peur de nous mouiller. Nous plongions dans les livres, sans perdre de temps en barbotages frileux. Je ne sais pas combien d'entre nous sont devenus professeurs... pas beaucoup, sans doute, et c'est peut-être dommage, au fond, parce que mine de rien il nous a légué une belle envie de transmettre. Mais de transmettre à tous vents. Lui, qui se fichait pas mal de l'enseignement, il rêvait en rigolant d'une université itinérante :

— Si on se baladait un peu... si on allait retrouver Goethe à Weimar, engueuler Dieu avec le père de Kierkegaard, s'envoyer *Les Nuits blanches* sur la perspective Nevski...

« *La lecture, résurrection de Lazare, soulever la dalle des mots.* »

GEORGES PERROS (*Echancrures*)

Ce professeur-là n'inculquait pas un savoir, il offrait ce qu'il savait. Il était moins un professeur qu'un maître troubadour — de ces jongleurs de mots qui hantaient les hôtelleries du chemin de Compostelle et disaient les chansons de geste aux pèlerins illettrés.

Comme il faut un commencement à tout, il rassemblait chaque année son petit troupeau aux origines orales du roman. Sa voix, comme celle des troubadours, s'adressait à un public *qui ne savait pas lire*. Il ouvrait des yeux. Il allumait des lanternes. Il engageait son monde sur la route des livres, pèlerinage sans fin ni certitude, cheminement de l'homme vers l'homme.

— Le plus important, c'était le fait qu'il nous lise tout à voix haute ! Cette confiance qu'il plaçait d'emblée dans notre désir de comprendre... L'homme qui lit à voix haute nous élève à hauteur du livre. Il *donne* vraiment à lire !

Au lieu de quoi, nous autres qui avons lu et prétendons propager l'amour du livre, nous nous préférons
trop souvent commentateurs, interprètes, analystes,
critiques, biographes, exégètes d'œuvres rendues
muettes par le pieux témoignage que nous portons de
leur grandeur. Prise dans la forteresse de nos compé-
tences, la parole des livres fait place à notre parole.
Plutôt que de laisser l'intelligence du texte parler par
notre bouche, nous nous en remettons à notre propre
intelligence, et parlons du texte. Nous ne sommes pas
les émissaires du livre mais les gardiens assermentés
d'un temple dont nous vantons les merveilles avec des
mots qui en ferment les portes : « Il faut lire ! Il faut
lire ! »

40

Il faut lire : c'est une pétition de principe pour des oreilles adolescentes. Si brillantes soient nos démonstrations... rien d'autre qu'une pétition de principe.

Ceux d'entre nos élèves qui ont découvert le livre par d'autres canaux continueront tout bonnement à lire. Les plus curieux d'entre eux guideront leurs lectures aux fanaux de nos explications les plus lumineuses.

Parmi ceux « qui ne lisent pas », les mieux avisés sauront apprendre, comme nous, à *parler autour* : ils excelleront dans l'art inflationniste du commentaire (je lis dix lignes, je ponds dix pages), la pratique jivaro de la fiche (je parcours 400 pages, je les réduis à cinq), la pêche à la citation judicieuse (dans ces précis de culture congelée disponibles chez tous les marchands de réussite), ils sauront manier le scalpel de l'analyse linéaire et deviendront experts dans le savant cabotage entre les « morceaux choisis », qui mène sûrement au baccalauréat, à la licence, voire à l'agrégation... mais pas nécessairement à l'amour du livre.

Restent les autres élèves.

Ceux qui ne lisent pas et que terrorisent très tôt les radiations du *sens*.

Ceux qui se croient bêtes...

A jamais privés de livres...

A jamais sans réponses...

Et bientôt sans questions.

41

Faisons un rêve.

C'est l'épreuve dite de *la leçon*, à l'agrégation de Lettres.

Sujet de la leçon : *Les registres de la conscience littéraire dans « Madame Bovary »*.

La jeune candidate est assise à son pupitre, très au-dessous des six membres du jury figés là-haut, sur leur estrade. Pour ajouter à la solennité de la chose, disons que cela se passe dans le grand amphithéâtre de la Sorbonne. Une odeur de siècles et de bois sacré. Le silence profond du savoir.

Un maigre public de parents et d'amis égaillés sur les gradins entend son cœur unique rythmer la peur de la jeune fille. Toutes images vues de bas en haut, et la jeune fille bien au fond, écrasée par la terreur de ce qui lui reste d'ignorance.

Craquements légers, toussotements étouffés : c'est l'éternité d'avant l'épreuve.

La main tremblante de la jeune fille dispose ses notes devant elle ; elle ouvre sa partition de savoir : *Les registres de la conscience littéraire dans « Madame Bovary »*.

Le président du jury (c'est un rêve, donnons à ce président une toge sang-de-bœuf, un grand âge, des épaules d'hermine et une perruque-cocker pour accentuer ses rides de granit), le président du jury, donc, se penche sur sa droite, soulève la perruque de son collègue et lui murmure deux mots à l'oreille. L'assesseur (plus jeune, la maturité rose et savante, même toge, même coiffure) opine gravement. Il fait passer à son voisin tandis que le président murmure sur sa gauche. L'acquiescement se propage jusqu'aux deux bouts de la table.

Les registres de la conscience littéraire dans « Madame Bovary ». Perdue dans ses notes, affolée par le brusque désordre de ses idées, la jeune fille ne voit pas le jury se lever, ne voit pas le jury descendre de l'estrade, ne voit pas le jury s'approcher d'elle, ne voit pas le jury l'entourer. Elle lève les yeux pour réfléchir et se trouve prise dans la nasse de leurs regards. Elle devrait avoir peur, mais elle est trop occupée par la peur de ne pas savoir. A peine si elle se demande : que font-ils si près de moi ? Elle se replonge dans ses notes. *Les registres de la conscience littéraire...* Elle a perdu le plan de sa leçon. Un plan si limpide, pourtant ! Qu'a-t-elle fait du plan de sa leçon ? Qui lui rendra les franches perspectives de sa démonstration ?

— Mademoiselle...

La jeune fille ne veut pas entendre le président. Elle cherche, elle cherche le plan de sa leçon, envolé dans le tourbillon de son savoir.

— Mademoiselle...

Elle cherche et ne trouve pas. *Les registres de la*

conscience littéraire dans « Madame Bovary »... Elle cherche et trouve tout le reste, tout ce qu'elle sait. Mais pas le plan de sa leçon. Pas le plan de sa leçon.

— Mademoiselle, je vous en prie...

Est-ce la main du président qui vient de se poser sur son bras ? (Et depuis quand les présidents des jurys d'agrégation posent-ils la main sur le bras des candidates ?) Est-ce l'enfantine supplication, tellement inattendue dans cette voix ? Est-ce le fait que les assesseurs commencent à s'agiter sur leurs chaises (car chacun a apporté sa chaise et tous sont assis autour d'elle)... La jeune fille lève enfin les yeux :

— Mademoiselle, je vous en prie, laissez tomber les registres de la conscience...

Le président et ses assesseurs ont retiré leurs perruques. Ils ont des cheveux follets d'enfants très jeunes, des yeux grands ouverts, une impatience d'affamés :

— Mademoiselle... Racontez-nous *Madame Bovary* !

— Non ! non ! racontez-nous plutôt votre roman préféré !

— Oui, *La Ballade du café triste* ! Vous qui aimez tant *Carson McCullers*, mademoiselle, racontez-nous *La Ballade du café triste* !

— Et puis vous nous donnerez envie de relire *La Princesse de Clèves*. Hein ?

— Donnez-nous envie de lire, mademoiselle !

— Envie vraiment !

— Racontez-nous *Adolphe* !

— Lisez-nous *Dedalus*, le chapitre des lunettes !

— Kafka ! N'importe quoi dans son Journal...

— Svevo ! *La Conscience de Zeno* !

— Lisez-nous *Le Manuscrit trouvé à Saragosse*!
— Les livres que vous préférez!
— *Ferdydurke*!
— *La Conjuration des imbéciles*!
— Ne regardez pas l'horloge, on a le temps!
— Je vous en prie...
— Racontez-nous!
— Mademoiselle...
— Lisez-nous!
— *Les Trois Mousquetaires*...
— *La Reine des pommes*...
— *Jules et Jim*...
— *Charly et la chocolaterie*!
— *Le Prince de Motordu*!
— *Basile*!

III

DONNER A LIRE

42

Soit une classe adolescente, d'environ trente-cinq élèves. Oh! pas de ces élèves soigneusement calibrés pour franchir vite-vite les hauts portiques des grandes écoles, non, les *autres*, ceux qui se sont fait renvoyer des lycées du centre ville parce que leur bulletin ne promettait pas de mention au bac, voire pas de bac du tout.

C'est le début de l'année.

Ils ont échoué ici.

Dans cette école-ci.

Devant ce professeur-là.

« Echoué » est le mot. Rejetés sur la rive, quand leurs copains d'hier ont pris le large à bord de lycées-paquebots en partance pour les grandes « carrières » Epaves abandonnées par la marée scolaire. C'est ainsi qu'ils se décrivent eux-mêmes dans la traditionnelle fiche de la rentrée :

Nom, prénom, date de naissance...

Renseignements divers :

« *J'ai toujours été nul en math...* » « *Les langues ne m'intéressent pas* »... « *Je n'arrive pas à me concen-*

trer »... « *Je ne suis pas bon pour écrire* »... « *Il y a trop de vocabulaire dans les livres* » « (sic ! Eh ! oui, sic !)... « *Je ne comprends rien à la physique* »... « *J'ai toujours eu zéro en orthographe* »... « *En histoire, ça irait, mais je retiens pas les dates* »... « *Je crois que je ne travaille pas assez* »... « *Je n'arrive pas à comprendre* »... « *J'ai raté beaucoup de choses* »... « *J'aimerais bien dessiner mais je suis pas trop doué pour* »... « *C'était trop dur pour moi* »... « *Je n'ai pas de mémoire* »... « *Je manque de bases* »... « *Je n'ai pas d'idées* »... « *J'ai pas les mots* »...

Finis...

C'est ainsi qu'ils se représentent.

Finis avant d'avoir commencé.

Bien sûr, ils forcent un peu le trait. C'est le genre qui veut ça. La fiche individuelle, comme le journal intime, tient de l'autocritique : on s'y noircit d'instinct. Et puis, à s'accuser tous azimuts, on se met à l'abri de bien des exigences. L'école leur aura au moins appris cela : le confort de la fatalité. Rien de tranquillisant comme un zéro perpétuel en math ou en orthographe : en excluant l'éventualité d'un progrès, il supprime les inconvénients de l'effort. Et l'aveu que les livres contiennent « trop de vocabulaire », qui sait ? vous mettra peut-être à l'abri de la lecture...

Pourtant, ce portrait que ces adolescents font d'eux-mêmes n'est pas ressemblant : ils n'ont pas la tête du cancre à front bas et menton cubique qu'imaginerait un mauvais cinéaste en lisant leurs télégrammes auto biographiques

Non, ils ont la tête multiple de leur époque : banane

106

et santiags pour le rocker de service, Burlington et Chevignon pour le rêveur de la fringue, perfecto pour le motard sans moto, cheveux longs ou brosse rêche selon les tendances familiales... Cette fille, là-bas, flotte dans la chemise de son père qui bat les genoux déchirés de son jean, cette autre s'est fait la silhouette noire d'une veuve sicilienne (« ce monde ne me concerne plus »), quand sa blonde voisine, au contraire, a tout misé sur l'esthétique : corps d'affiche et tête de couverture soigneusement glacée.

Tout juste sortis des oreillons et de la rougeole, les voilà dans l'âge où on chope les modes.

Et grands, pour la plupart ! à manger la soupe sur la tête du prof ! Et costauds, les garçons ! Et les filles, déjà des silhouettes !

Il semble au professeur que son adolescence était plus imprécise... plutôt malingre, lui... camelote d'après-guerre... lait en conserve du plan Marshall... il était en reconstruction, à l'époque, le professeur, comme le reste de l'Europe...

Eux, ils ont des têtes de résultat.

Cette santé et cette conformité aux modes leur donnent un air de maturité qui pourrait intimider. Leurs coiffures, leurs vêtements, leurs walkmans, leurs calculettes, leur lexique, leur quant-à-soi, laissent à penser, même, qu'ils pourraient être plus « adaptés » à leur temps que le professeur. En savoir beaucoup plus que lui...

Beaucoup plus sur quoi ?

C'est l'énigme de leur visage, justement...

Rien de plus énigmatique qu'un air de maturité.

S'il n'était pas un vieux de la vieille, le professeur pourrait se sentir dépossédé du présent de l'indicatif, un peu ringard... Seulement voilà... il en a vu des enfants et des adolescents en vingt années de classe... quelque trois mille et plus... il en a vu passer, des modes... au point, même, qu'il en a vu revenir !

La seule chose qui soit immuable, c'est le contenu de la fiche individuelle. L'esthétique « ruine », dans toute son ostentation : je suis paresseux, je suis bête, je suis nul, j'ai tout essayé, ne vous fatiguez pas, mon passé est sans avenir...

Bref, on ne s'aime pas. Et on met à le clamer une conviction encore enfantine.

On est entre deux mondes, en somme. Et on a perdu le contact avec les deux. On est « branché », certes, « cool » (et comment !), mais l'école nous « fout les glandes », ses exigences nous « prennent la tête », on n'est plus des mômes, mais on « galère » dans l'éternelle attente d'être des grands...

On voudrait être libre et on se sent abandonné.

43

Et, bien entendu, on n'aime pas lire. Trop de vocabulaire dans les livres. Trop de pages, aussi. Pour tout
dire, trop de livres.
Non, décidément, on n'aime pas lire.
C'est du moins ce qu'indique la forêt des doigts levés
quand le prof pose la question :
— Qui n'aime pas lire ?
Une certaine provocation, même, dans cette quasi-
unanimité. Quant aux rares doigts qui ne se lèvent pas
(entre autres celui de la Veuve sicilienne), c'est par
indifférence résolue à la question posée.
— Bon, dit le prof, puisque vous n'aimez pas lire...
c'est moi qui vous lirai des livres.
Sans transition, il ouvre son cartable et en sort un
bouquin gros comme ça, un truc cubique, vraiment
énorme, à couverture glacée. Ce qu'on peut imaginer
de plus impressionnant en matière de livre.
— Vous y êtes ?
Ils n'en croient ni leurs yeux ni leurs oreilles. Ce type
va leur lire *tout ça* ? Mais on va y passer l'année !
Perplexité... Une certaine tension, même... Ça n'existe

pas, un prof qui se propose de passer l'année à lire. Ou c'est un sacré fainéant, ou il y a anguille sous roche. L'arnaque nous guette. On va avoir droit à la liste de vocabulaire quotidienne, au compte rendu de lecture permanent...

Ils se regardent. Certains, à tout hasard, posent une feuille devant eux et mettent leurs stylos en batterie.

— Non, non, inutile de prendre des notes. Essayez d'écouter, c'est tout.

Se pose alors le problème de *l'attitude*. Que devient un corps dans une salle de classe s'il n'a plus l'alibi du stylo-bille et de la feuille blanche ? Qu'est-ce qu'on peut bien faire de soi dans une circonstance pareille ?

— Installez-vous confortablement, détendez-vous...

(Il en a de bonnes, lui... détendez-vous...)

La curiosité l'emportant, Banane et Santiags finit tout de même par demander :

— Vous allez nous lire tout ce livre... *à haute voix* ?

— Je ne vois pas très bien comment tu pourrais m'entendre si je le lisais à voix basse...

Discrète rigolade. Mais, la jeune Veuve sicilienne ne mange pas de ce pain-là. Dans un murmure assez sonore pour être entendue de tous, elle lâche :

— On a passé l'âge.

Préjugé communément répandu... particulièrement chez ceux à qui l'on n'a jamais fait le vrai cadeau d'une lecture. Les autres savent qu'il n'y a pas d'âge pour ce genre de régal.

— Si dans dix minutes tu estimes encore avoir passé l'âge, tu lèves le doigt et on passe à autre chose, d'accord ?

— Qu'est-ce que c'est, comme livre ? demande Bur-
lington, sur un ton qui en a vu d'autres.
— Un roman.
— Ça raconte quoi ?
— Difficile à dire avant de l'avoir lu. Bon, vous y
êtes ? Fin des négociations. On y va.
Ils y sont... sceptiques, mais ils y sont.
— Chapitre Un :

« *Au dix-huitième siècle vécut en France un homme
qui compta parmi les personnages les plus géniaux et les
plus abominables de cette époque qui pourtant ne man-
qua pas de génies abominables...* »

(...)

44

« *A l'époque dont nous parlons, il régnait dans les villes une puanteur à peine imaginable pour les modernes que nous sommes. Les rues puaient le fumier, les arrière-cours puaient l'urine, les cages d'escalier puaient le bois moisi et la crotte de rat, les cuisines le chou pourri et la graisse de mouton ; les pièces d'habitation mal aérées puaient la poussière renfermée, les courtepointes moites et le remugle âcre des pots de chambre. Les cheminées crachaient une puanteur de soufre, les tanneries la puanteur de leurs bains corrosifs, et les abattoirs la puanteur du sang caillé. Les gens puaient la sueur et les vêtements non lavés ; leurs bouches puaient les dents gâtées, leurs estomacs puaient le jus d'oignon, et leurs corps, dès qu'ils n'étaient plus tout jeunes, puaient le vieux fromage et le lait aigre et les tumeurs éruptives. Les rivières puaient, les places puaient, les églises puaient, cela puait sous les ponts et dans les palais. Le paysan puait comme le prêtre, le compagnon tout comme l'épouse de son maître artisan, la noblesse puait du haut jusqu'en bas, et le roi lui-même puait, il puait comme un fauve, et la reine comme une vieille chèvre, été comme hiver*... »*

* Patrick Süskind, *Le Parfum* (Editions Fayard). Traduit par Bernard Lortholary.

45

Cher Monsieur Süskind, merci ! Vos pages exhalent un fumet qui dilate les narines et les rates. Jamais votre *Parfum* n'eut lecteurs plus enthousiastes que ces trente-cinq-là, si peu disposés à vous lire. Passé les dix premières minutes, je vous prie de croire que la jeune Veuve sicilienne vous trouvait tout à fait de son âge. C'était même touchant, toutes ses petites grimaces pour ne pas laisser son rire étouffer votre prose. Burlington ouvrait des yeux comme des oreilles, et « chut ! bon dieu, la ferme ! » dès qu'un de ses copains laissait aller son hilarité. Aux alentours de la page trente-deux, en ces lignes où vous comparez votre Jean-Baptiste Grenouille, alors en pension chez Madame Gaillard, à une tique en embuscade perpétuelle (vous savez ? « *la tique solitaire, concentrée et cachée dans son arbre, aveugle, sourde et muette, tout occupée à flairer sur des lieues à la ronde le sang des animaux qui passent...* »), eh bien !, vers ces pages-là, où l'on descend pour la première fois dans les moites profondeurs de Jean-Baptiste Grenouille, Banane et Santiags s'est endormi, la tête entre ses bras repliés. Un franc sommeil au souffle régulier. Non, non, ne le réveillez pas, rien de meilleur qu'un bon somme après berceuse, c'est même le tout premier des plaisirs dans l'ordre de la lecture. Il est redevenu tout petit, Banane et Santiags, tout confiant... et il n'est guère plus grand quand, l'heure sonnant, il s'écrie :

— Merde, je me suis endormi ! Qu'est-ce qui s'est passé chez la mère Gaillard ?

46

Et merci à vous aussi, messieurs Márquez, Calvino, Stevenson, Dostoïevski, Saki, Amado, Gary, Fante, Dahl, Roché, vivants ou morts que vous soyez! Pas un seul, parmi ces trente-cinq réfractaires à la lecture, n'a attendu que le prof aille au bout d'un de vos livres pour le finir avant lui. Pourquoi remettre à la semaine prochaine un plaisir qu'on peut s'offrir en un soir?

— Qui c'est, ce Süskind?

— Il est vivant?

— Qu'est-ce qu'il a écrit d'autre?

— C'est écrit en français, *Le Parfum*? On dirait que c'est écrit en français. (Merci, merci, monsieur Lortholary, mesdames et messieurs de la traduction, lumières de Pentecôte, merci!)

Et, les semaines passant...

— Formidable, *Chronique d'une mort annoncée*! Et *Cent ans de solitude*, monsieur, ça raconte quoi?

— Oh! Fante, monsieur, Fante! *Mon chien Stupide*! C'est vrai que c'est vachement marrant!

— *La Vie devant soi*, Ajar... enfin, Gary... Super!

— Il est vraiment trop, le Roald Dahl ! L'histoire de la femme qui tue son mec d'un coup de gigot congelé et qui fait bouffer aux flics la pièce à conviction, ça m'a complètement éclaté !

Soit, soit... les catégories critiques ne sont pas encore affinées... mais ça viendra... laissons lire... ça viendra...

— Au fond, monsieur, *Le Vicomte pourfendu*, *Docteur Jekyll et Mister Hyde*, *Le Portrait de Dorian Gray*, ça traite un peu du même sujet, tous ces bouquins : le bien, le mal, le double, la conscience, la tentation, la morale sociale, toutes ces choses-là, non ?

— Si.

— Raskolnikov, on peut dire que c'est un personnage « romantique » ?

Vous voyez... ça vient.

47

Il ne s'est rien passé de miraculeux, pourtant. Le mérite du professeur est à peu près nul dans cette affaire. C'est que le plaisir de lire était tout proche, séquestré dans ces greniers adolescents par une peur secrète : la peur (très, très ancienne) de ne pas *comprendre*.

On avait tout simplement oublié ce qu'était un livre, ce qu'il avait à offrir. On avait oublié, par exemple, qu'un roman *raconte d'abord une histoire*. On ne savait pas qu'un roman doit être lu comme un roman : étancher *d'abord* notre soif de récit.

Pour assouvir cette fringale, on s'en était remis depuis longtemps au petit écran, qui faisait son boulot à la chaîne, enfilant dessins animés, séries, feuilletons et thrillers en un collier sans fin de stéréotypes interchangeables : notre ration de fiction. Ça remplit la tête comme on se bourre le ventre, ça rassasie, mais ça ne tient pas au corps. Digestion immédiate. On se sent aussi seul après qu'avant.

Avec la lecture publique du *Parfum*, on s'est trouvé

devant Süskind : une histoire, certes, un beau récit, drôle et baroque, mais une *voix* aussi, celle de Süskind (plus tard, dans une dissertation, on appellera ça un « style »). Une histoire, oui, mais racontée par *quelqu'un*.

— Incroyable, ce début, monsieur : « *les chambres puaient... les gens puaient... les rivières puaient, les places puaient, les églises puaient... le roi puait...* » nous à qui on interdit les répétitions ! C'est beau, pourtant, hein ? C'est marrant, mais c'est beau, aussi, non ?

Oui, le charme du style ajoute au bonheur du récit. La dernière page tournée, c'est l' écho de cette voix qui nous tient compagnie. Et puis, la voix de Süskind, même à travers le double filtre de la traduction et de la voix du prof, n'est pas celle de Márquez, « ça se remarque tout de suite ! », ou de Calvino. D'où cette impression étrange que, là où le stéréotype parle la même langue à tout le monde, Süskind, Márquez et Calvino, parlant leur langage propre, s'adressent à moi seul, ne racontent leur histoire que *pour moi*, jeune Veuve sicilienne, Perfecto sans moto, Banane et Santiags, pour moi, Burlington, qui, déjà, ne confonds plus leurs voix et m'autorise des préférences.

« Bien des années plus tard, face au peloton d'exécution, le colonel Aureliano Buendia devait se rappeler ce lointain après-midi de son enfance où son père l'emmena faire connaissance avec la glace. Macondo était alors un village d'une vingtaine de maisons en glaise et en roseaux, construites au bord d'une rivière dont les eaux diaphanes

roulaient des pierres rondes comme des œufs préhistoriques *. »

— Je la connais par cœur, la première phrase de *Cent ans de solitude* ! Avec ces pierres, *rondes comme des œufs préhistoriques...*

(Merci, Monsieur Márquez, vous êtes à l'origine d'un jeu qui durera toute l'année : capter et retenir les premières phrases ou les passages préférés d'un roman qui nous a plu.)

— Moi, c'est le début d'*Adolphe*, sur la timidité, tu sais : « *Je ne savais pas que, même avec son fils, mon père était timide, et que souvent, après avoir longtemps attendu de moi quelques témoignages d'affection que sa froideur apparente semblait m'interdire, il me quittait les yeux mouillés de larmes, et se plaignait à d'autres de ce que je ne l'aimais pas.* »

— Tout à fait mon père et moi !

On était fermé, face au livre clos. On nage à présent, déployé dans ses pages.

Certes, la voix du professeur a aidé à cette réconciliation : en nous épargnant l'effort du décryptage, en dessinant clairement les situations, en plantant les décors, en incarnant les personnages, en soulignant les thèmes, en accentuant les nuances, en faisant, le plus nettement possible son travail de révélateur photographique.

Mais, très vite, la voix du prof interfère : plaisir parasite d'une joie plus subtile.

* Gabriel García Márquez, *Cent ans de solitude* (Editions du Seuil). Traduit par Claude et Carmen Durand.

— Ça aide que vous nous lisiez, monsieur, mais je suis content, après, de me retrouver tout seul avec le livre.

C'est que la voix du professeur — récit offert — m'a réconcilié avec *l'écriture*, et, ce faisant, m'a rendu le goût de ma secrète et silencieuse voix d'alchimiste, celle-là même qui, quelque dix ans plus tôt, s'émerveillait de ce que *maman* sur le papier fût bel et bien maman dans la vie.

Le vrai plaisir du roman tient en la découverte de cette intimité paradoxale : L'auteur et moi... La solitude de cette écriture réclamant la résurrection du texte par ma propre voix muette et solitaire.

Le professeur n'est ici qu'une marieuse. L'heure est venue qu'il s'esbigne sur la pointe des pieds.

48

Outre la hantise de ne pas comprendre, une autre phobie à vaincre, pour réconcilier ce petit monde avec la lecture solitaire, est celle de la durée.

Le temps de la lecture : le livre envisagé comme une menace d'éternité !

Quand on a vu *Le Parfum* sortir de la sacoche du prof, on a d'abord cru à l'apparition d'un iceberg ! (Précisons que le professeur en question avait — volontairement — choisi l'édition courante de Fayard, gros caractères, pagination espacée, vastes marges, un énorme livre aux yeux de ces réfractaires à la lecture, et qui promettait un supplice interminable.)

Or, voici qu'il se met à le lire et qu'on *voit* l'iceberg fondre entre ses mains !

Le temps n'est plus le temps, les minutes filent en secondes et quarante pages sont lues que l'heure est déjà passée.

Le prof fait du quarante à l'heure.

Soient 400 pages en dix heures. A raison de cinq heures de français par semaine, il pourrait lire 2 400 pages dans le trimestre ! 7 200 dans l'année scolaire !

Sept romans de 1 000 pages ! En cinq petites heures de lecture hebdomadaires seulement !

Prodigieuse découverte, qui change tout ! Un livre, tout compte fait, se lit vite : en une seule heure de lecture par jour pendant une semaine je viens à bout d'un roman de 280 pages ! Que je peux lire en trois jours seulement si j'y consacre un peu plus de deux heures ! 280 pages en trois jours ! Soient 560 en six jours ouvrables. Pour peu que le bouquin soit vraiment « cool » — « *Autant en emporte le vent*, monsieur, c'est vraiment cool !* » — et qu'on s'offre quatre heures de rab dans la journée de dimanche (c'est très possible, le dimanche la banlieue de Banane et Santiags roupille et les parents de Burlington l'emmènent se morfondre à la campagne) nous voici avec 160 pages de mieux : total 720 pages !

Ou 540, si je fais du trente à l'heure, moyenne très raisonnable.

Et 360, si je me balade à vingt à l'heure.

— 360 pages, dans la semaine ! Et toi ?

Comptez vos pages, les enfants, comptez... les romanciers en font autant. Il faut les voir, quand ils atteignent la page 100 ! C'est le cap Horn du romancier, la page cent ! Il y débouche une petite bouteille intérieure, danse une discrète gigue, s'ébroue comme un cheval de labour, et, allons-y, replonge dans son encrier pour s'attaquer à la page 101. (Un cheval de labour plongeant dans un encrier, puissante image !)

Comptez vos pages... On commence par s'émerveiller du nombre de pages lues, puis vient le moment où l'on s'effraie du peu qui reste à lire. Plus que 50 pages !

Vous verrez... Rien de plus délicieux que cette tris-
tesse-là : *La Guerre et la Paix,* deux gros volumes... et
plus que 50 pages à lire.

On ralentit, on ralentit, rien à faire...

Natacha finit par épouser Pierre Bezoukhov, et c'est
la fin.

49

Oui, mais à quel secteur de mon emploi du temps soustraire cette heure de lecture quotidienne ? Aux copains ? A la télé ? Aux déplacements ? Aux soirées familiales ? A mes devoirs ?

Où trouver *le temps de lire* ?

Grave problème.

Qui n'en est pas un.

Dès que se pose la question du temps de lire, c'est que l'envie n'y est pas. Car, à y regarder de près, *personne n'a jamais le temps de lire*. Ni les petits, ni les ados, ni les grands. La vie est une entrave perpétuelle à la lecture.

— Lire ? Je voudrais bien, mais le boulot, les enfants, la maison, je n'ai plus le temps...

— Comme je vous envie d'avoir le temps de lire !

Et pourquoi celle-ci, qui travaille, fait des courses, élève des enfants, conduit sa voiture, aime trois hommes, fréquente le dentiste, déménage la semaine prochaine, trouve-t-elle le temps de lire, et ce chaste rentier célibataire non ?

Le temps de lire est toujours du temps volé. (Tout

comme le temps d'écrire, d'ailleurs, ou le temps d'aimer.)

Volé à quoi?

Disons, au devoir de vivre.

C'est sans doute la raison pour laquelle le métro — symbole rassis dudit devoir — se trouve être la plus grande bibliothèque du monde.

Le temps de lire, comme le temps d'aimer, dilatent le temps de vivre.

Si on devait envisager l'amour du point de vue de notre emploi du temps, qui s'y risquerait? Qui a le temps d'être amoureux? A-t-on jamais vu, pourtant, un amoureux, ne pas prendre le temps d'aimer?

Je n'ai jamais eu le temps de lire, mais rien, jamais, n'a pu m'empêcher de finir un roman que j'aimais.

La lecture ne relève pas de l'organisation du temps social, elle est, comme l'amour, une manière d'être.

La question n'est pas de savoir si j'ai le temps de lire ou pas (temps que personne, d'ailleurs, ne me donnera), mais si je m'offre ou non le bonheur d'être lecteur.

Discussion que Banane et Santiags résume en un slogan ravageur :

— Le temps de lire? Je l'ai dans ma poche!

A la vue du bouquin qu'il en sort (*Légendes d'automne* de Jim Harrison, 10/18), Burlington approuve, méditatif :

— Oui... quand on achète une veste, l'important, c'est que les poches soient au bon format!

50

En argot, lire se dit *ligoter*.
En langage figuré un gros livre est un *pavé*.
Relâchez ces liens-là, le pavé devient un nuage.

51

Une seule condition à cette réconciliation avec la lecture : ne rien demander en échange. Absolument rien. N'élever aucun rempart de connaissances préliminaires autour du livre. Ne pas poser la moindre question. Ne pas donner le plus petit devoir. Ne pas ajouter un seul mot à ceux des pages lues. Pas de jugement de valeur, pas d'explication de vocabulaire, pas d'analyse de texte, pas d'indication biographique... S'interdire absolument de « parler autour ».

Lecture-cadeau.

Lire et attendre.

On ne force pas une curiosité, on l'éveille.

Lire, lire, et faire confiance aux yeux qui s'ouvrent, aux bouilles qui se réjouissent, à la question qui va naître, et qui entraînera une autre question.

Si le pédagogue en moi s'offusque de ne pas « présenter l'œuvre dans son contexte », persuader ledit pédagogue que le seul contexte qui compte, pour l'heure, *est celui de cette classe.*

Les chemins de la connaissance n'aboutissent pas à cette classe : ils doivent en partir !

Pour le moment, je lis des romans à un auditoire *qui croit ne pas aimer lire.* Rien de sérieux ne pourra s'enseigner tant que je n'aurai pas dissipé cette illusion, fait mon travail d'entremetteur.

Dès que ces adolescents seront réconciliés avec les livres, ils parcourront volontiers le chemin qui va du roman à son auteur, et de l'auteur à son époque, et de l'histoire lue à ses multiples sens.

Le tout est de se tenir prêt.

Attendre de pied ferme l'avalanche des questions .

— Stevenson, c'est un Anglais ?

— Un Ecossais.

— Quelle époque ?

— XIXe, sous le règne de Victoria.

— Il paraît qu'elle a régné longtemps, celle-là...

— 64 ans : 1837-1901.

— 64 ans !

— Elle régnait depuis 13 ans à la naissance de Stevenson, et il est mort 7 ans avant elle. Tu as quinze ans aujourd'hui, elle monte sur le trône, tu en auras 79 à la fin de son règne ! (A une époque où la moyenne d'âge était d'une trentaine d'années.) Et ce n'était pas la plus rigolote des reines.

— C'est pour ça que Hyde est né d'un cauchemar !

La remarque vient de la Veuve sicilienne. Stupéfaction de Burlington :

— Comment tu sais ça, toi ?

La Veuve, énigmatique :

— On se renseigne...

Puis, dans un discret sourire :

— Je peux même te dire que c'était un joyeux

cauchemar. Quand Stevenson s'est réveillé, il est allé s'enfermer dans son bureau et a rédigé en deux jours une première version du bouquin. Sa femme la lui a fait brûler illico tellement il se sentait cool dans la peau de Hyde, à piller, à violer, à égorger tout ce qui bouge ! La grosse reine n'aurait pas aimé ça. Alors, il a inventé Jekyll.

52

Mais, lire à voix haute ne suffit pas, il faut *raconter* aussi, offrir nos trésors, les déballer sur l'ignorante plage. Oyez, oyez, et voyez comme c'est beau, une *histoire*!

Pas de meilleure façon, pour ouvrir un appétit de lecteur, que de lui donner à flairer une orgie de lecture.

De Georges Perros, l'étudiante émerveillée disait aussi :

— Il ne se contentait pas de lire. Il nous racontait! Il nous racontait *Don Quichotte*! *Madame Bovary*! D'énormes morceaux d'intelligence critique, mais qu'il nous servait d'abord comme de simples *histoires*. Sancho, par sa bouche devenait une outre de vie, et le Chevalier à la Triste Figure un grand fagot d'os armé de certitudes atrocement douloureuses! Emma, telle qu'il nous la racontait, n'était pas seulement une idiote gangrénée par « *la poussière des vieux cabinets de lecture* », mais un sac d'énergie phénoménal, et c'était Flaubert qu'on entendait, par la voix de Perros, ricaner devant ce gâchis Hénaurme!

Chères bibliothécaires, gardiennes du temple, il est

heureux que tous les titres du monde aient trouvé leur alvéole dans la parfaite organisation de vos mémoires (comment m'y retrouverais-je, sans vous, moi dont la mémoire tient du terrain vague ?), il est prodigieux que vous soyez au fait de toutes les thématiques ordonnées dans les rayonnages qui vous cernent... mais qu'il serait bon, aussi, de vous entendre *raconter* vos romans préférés aux visiteurs perdus dans la forêt des lectures possibles... comme il serait beau que vous leur fassiez l'hommage de vos meilleurs souvenirs de lecture ! Conteuses, soyez — magiciennes — et les bouquins sauteront directement de leurs rayons dans les mains du lecteur.

C'est si simple de raconter un roman. Trois mots suffisent, parfois.

Souvenir d'enfance et d'été. L'heure de la sieste. Le grand frère à plat ventre sur son lit, menton dans les paumes, plongé dans un énorme *Livre de poche*. Le petit frère, mouche du coche : « Qu'est-ce que tu lis ? »

LE GRAND : *La Mousson.*

LE PETIT : C'est bien ?

LE GRAND : Vachement !

LE PETIT : Qu'est-ce que ça raconte ?

LE GRAND : C'est l'histoire d'un mec : au début, il boit beaucoup de whisky, à la fin il boit beaucoup d'eau !

Il ne m'en a pas fallu davantage pour passer la fin de cet été-là trempé jusqu'aux os par *La Mousson* de Monsieur Louis Bromfield, piqué à mon frangin qui ne l'a jamais fini.

53

Tout cela est très joli, Süskind, Stevenson, Márquez, Dostoïevski, Fante, Chester Himes, Lagerlöf, Calvino, tous ces romans lus en vrac et sans contrepartie, toutes ces histoires racontées, cet anarchique festin de lecture pour le plaisir de la lecture... mais le programme, bon Dieu, le *Programme*! Les semaines filent et le programme n'est pas encore entamé. Terreur de l'année qui coule, spectre du programme inachevé...

Pas de panique, le programme sera *traité*, comme on dit de ces arbres qui donnent des fruits calibrés.

Contrairement à ce qu'imaginait Banane et Santiags, le professeur ne passera pas toute l'année à lire. Hélas! Hélas! pourquoi a-t-il fallu que se réveille si vite le plaisir de la lecture muette et solitaire? A peine entame-t-il un roman à voix haute qu'on se précipite en librairies pour s'offrir « la suite » avant le cours suivant. A peine raconte-t-il deux ou trois histoires « ... pas la fin, m'sieur, ne racontez pas la fin! »... qu'on avale les bouquins dont il les a tirées.

(Unanimité qui, d'ailleurs, ne doit pas l'abuser. Non, non, le professeur ne vient pas d'un coup de baguette magique de métamorphoser en lecteurs 100 % de réfractaires au livre. En ce début d'année tout le monde lit, certes, peur vaincue, on lit sous le coup de l'enthousiasme, de l'émulation. Peut-être même, qu'il le veuille ou non, lit-on un peu pour complaire au prof... lequel, d'ailleurs, ne doit pas s'endormir sur les braises... rien ne refroidit plus vite qu'une ardeur, il en a souvent fait l'expérience ! Mais pour l'instant on lit unanimement, sous l'emprise de ce cocktail chaque fois particulier qui fait qu'une classe confiante *se comporte* comme un individu tout en conservant sa trentaine d'individualités distinctes. Cela ne signifie pas qu'une fois devenu grand, chacun de ces élèves « aimera lire ». D'autres plaisirs prendront peut-être le pas sur le plaisir du texte. Reste qu'en ces premières semaines de l'année, l'acte de lire — le fameux « acte de lire » ! — ne terrorisant plus personne, on lit, et parfois très vite.)

Qu'ont-ils donc, d'ailleurs, ces romans, pour être lus si vite ? Faciles à lire ? Qu'est-ce que ça veut dire « facile à lire » ? Facile à lire *La Légende de Gosta Berling* ? Facile à lire *Crime et Châtiment* ? Plus faciles que *L'Etranger*, que *Le Rouge et le Noir* ? Non, ils ont d'abord, *qu'ils ne sont pas au programme*, qualité inestimable pour les petits copains de la Veuve sicilienne, prompts à qualifier de « chiante » toute œuvre choisie par le magistère pour l'accroissement raisonné de leur culture. Pauvre « programme ». Il n'y est évidemment pour rien, le programme. (Rabelais, Montaigne, La Bruyère, Montesquieu, Verlaine, Flaubert, Camus, « chiants » ? Non mais sans blague...) Il n'y a que la *peur* pour rendre « chiants » les textes du programme. Peur de ne pas comprendre, peur de répondre à côté, peur de l'autre dressé au-dessus du texte, peur du français envisagé comme *matière* opaque ; rien de tel pour brouiller les lignes, pour noyer le sens dans le lit de la phrase.

Burlington et Perfecto sont les premiers surpris quand le prof leur annonce que *L'Attrape-cœur* de Salinger, dont ils viennent de se régaler, est en train de faire le malheur de leurs condisciples américains pour la seule raison qu'ils l'ont à leur programme. En sorte qu'il se trouve peut-être un Perfecto texan en train de s'envoyer en douce *Madame Bovary* pendant que son prof s'épuise à lui fourguer du Salinger !

Ici (petite parenthèse) intervention de la Veuve sicilienne :

— Un Texan qui lit, monsieur, ça n'existe pas.

— Ah ! bon ? D'où tu tiens ça ?

— De *Dallas*. Est-ce que vous avez jamais vu un seul personnage de *Dallas* un livre à la main ?

(Fermons la parenthèse.)

Bref, planant dans toutes les lectures, voyageant sans passeport dans les œuvres étrangères (surtout étrangères : ces Anglais, ces Italiens, ces Russes, ces Américains, ont le chic pour se tenir loin du « programme ») les élèves, réconciliés avec *ce qui se lit*, se rapprochent en cercles concentriques des œuvres *qui sont à lire*, et y plongent bientôt, comme si de rien n'était, pour la seule raison que *La Princesse de Clèves* est devenu un roman « comme un autre », aussi beau qu'un autre... (Plus belle que toutes, même, cette histoire d'un amour sauvegardé de l'amour, si curieusement familière à leur adolescence moderne, qu'on prétend un peu vite asservie aux fatalités consommatoires.)

Chère Madame de Lafayette,

Au cas où la nouvelle vous intéresserait, je sais quelque classe de seconde réputée peu « littéraire » et passablement « dissipée », où votre Princesse de Clèves *fut hissée au « hit-parade » de tout ce qui s'y lut cette année-là.*

Le programme sera traité, donc, les techniques de dissertation, d'analyse de texte (jolies *grilles* ô combien *méthodiques*), de commentaire composé, de résumé et de discussion, dûment transmises, et toute cette mécanique parfaitement rodée pour bien faire entendre aux instances compétentes, le jour des examens, que nous ne nous sommes pas contentés de lire pour nous distraire, mais que nous avons *compris*, aussi, que nous avons fourni le fameux *effort de comprendre*.

La question de savoir ce que nous avons « compris » (question finale) ne manque pas d'intérêt. Compris le texte ? oui, oui, bien sûr... mais compris surtout qu'une fois réconciliés avec la lecture, le texte ayant perdu son statut d'*énigme* paralysante, notre effort d'en saisir le sens devient un plaisir, qu'une fois vaincue la peur de ne pas comprendre les notions d'effort et de plaisir œuvrent puissamment l'une en faveur de l'autre, mon effort, ici, garantissant l'accroissement de mon plaisir, et le

135

plaisir de comprendre me plongeant jusqu'à l'ivresse dans l'ardente solitude de l'effort.

Et nous avons compris autre chose, aussi. Avec un brin d'amusement, nous avons compris « comment ça marche », compris l'art et la manière de « parler autour », de se faire valoir sur le marché des examens et des concours. Inutile de le cacher, c'est un des buts de l'opération. En matière d'examen et d'embauche, « comprendre », c'est comprendre ce qu'on attend de nous. Un texte « bien compris » est un texte intelligemment négocié. Ce sont les dividendes de ce marchandage que le jeune candidat quête sur le visage de l'examinateur quand il lui coule un regard en douce après lui avoir servi une interprétation astucieuse — mais point trop audacieuse — d'un alexandrin à réputation énigmatique. (« Il a l'air content, continuons sur cette voie, elle conduit droit à la mention. »)

De ce point de vue, une scolarité littéraire bien menée relève autant de la stratégie que de la bonne intelligence du texte. Et un « mauvais élève » est, plus souvent qu'on ne croit, un gamin tragiquement dépourvu d'aptitudes tactiques. Seulement, dans sa panique à ne pas fournir ce que nous attendons de lui, il se met bientôt à confondre scolarité et culture. Laissé pour compte de l'école, il se croit très vite un paria de la lecture. Il s'imagine que « lire » est en soi un acte élitaire, et se prive de livres sa vie durant pour n'avoir pas su en parler quand on le lui demandait.

C'est donc qu'il y a encore autre chose à « comprendre ».

54

Reste à « comprendre » que les livres n'ont pas été écrits pour que mon fils, ma fille, la jeunesse les commentent, mais pour que, *si le cœur leur en dit*, ils les lisent.

Notre savoir, notre scolarité, notre carrière, notre vie sociale sont une chose. Notre intimité de lecteur, notre culture en sont une autre. Il est bel et bon de fabriquer des bacheliers, des licenciés, des agrégés et des énarques, la société en redemande, cela ne se discute pas... mais combien plus *essentiel* d'ouvrir à tous les pages de tous les livres.

Tout au long de leur apprentissage, on fait aux écoliers et aux lycéens un devoir de la glose et du commentaire, et les modalités de ce devoir les effrayent jusqu'à priver le plus grand nombre de la compagnie des livres. Notre fin de siècle n'arrange d'ailleurs pas les choses ; le commentaire y règne en maître, au point, le plus souvent, de nous ôter l'objet commenté de la vue. Ce bourdonnement aveuglant porte un nom dévoyé : la communication...

Parler d'une œuvre à des adolescents, et exiger d'eux

qu'ils en parlent, cela peut se révéler très *utile*, mais ce n'est pas une fin en soi. La fin, c'est l'œuvre. L'œuvre entre leurs mains. Et le premier de leurs droits, en matière de lecture, est le droit de se taire.

55

Dans les premiers jours de l'année scolaire, il m'arrive de demander à mes élèves de me décrire une bibliothèque. Pas une bibliothèque municipale, non, le meuble. Celui où je range mes livres. Et c'est un mur qu'ils me décrivent. Une falaise de savoir, rigoureusement ordonnée, absolument impénétrable, une paroi contre laquelle on ne peut que rebondir.

— Et un lecteur ? Décrivez-moi un lecteur.

— Un vrai lecteur ?

— Si vous voulez, bien que je ne sache pas ce que vous appelez un vrai lecteur.

Les plus « respectueux » d'entre eux me décrivent Dieu le Père soi-même, une sorte d'ermite antédiluvien, assis de toute éternité sur une montagne de bouquins dont il aurait sucé le sens jusqu'à comprendre le pourquoi de toute chose. D'autres me croquent le portrait d'un autiste profond tellement absorbé par les livres qu'il se cogne contre toutes les portes de la vie. D'autres encore me font un portrait en creux, s'attachant à énumérer tout ce qu'un lecteur n'est pas : pas sportif, pas vivant, pas marrant, et qui n'aime ni la

« bouffe », ni les « fringues », ni les « bagnoles », ni la télé, ni la musique, ni les amis... et d'autres enfin, plus « stratèges », dressent devant leur professeur la statue académique du lecteur conscient des moyens mis à sa disposition par les livres pour accroître son savoir et aiguiser sa lucidité. Certains mélangent ces différents registres, mais pas un, pas un seul ne se décrit lui-même, ni ne décrit un membre de sa famille ou un de ces innombrables lecteurs qu'ils croisent tous les jours dans le métro.

Et quand je leur demande de me décrire « un livre », c'est un OVNI qui se pose dans la classe : objet ô combien mystérieux, pratiquement indescriptible vu l'inquiétante simplicité de ses formes et la proliférante multiplicité de ses fonctions, un « corps étranger », chargé de tous les pouvoirs comme de tous les dangers, objet sacré, infiniment choyé et respecté, rangé avec des gestes d'officiant sur les étagères d'une bibliothè-que impeccable, pour y être vénéré par une secte d'adorateurs au regard énigmatique.

Le sacré Graal.

Bien.

Essayons de désacraliser un peu cette vision du livre que nous leur avons flanquée dans la tête par une description plus « réaliste » de la façon dont nous traitons nos bouquins, nous autres qui aimons lire.

56

Peu d'objets éveillent, comme le livre, le sentiment d'absolue propriété. Tombés entre nos mains, les livres deviennent nos esclaves — esclaves, oui, car de matière vivante, mais esclaves que nul ne songerait à affranchir, car de feuilles mortes. Comme tels, ils subissent les pires traitements, fruits des plus folles amours ou d'affreuses fureurs. Et que je te corne les pages (oh ! quelle blessure, chaque fois, cette vision de la page cornée ! « mais c'est pour savoir où j'en suiiiiiiiis ! ») et que je te pose ma tasse de café sur la couverture, ces auréoles, ces reliefs de tartines, ces taches d'huile solaire... et que je te laisse un peu partout l'empreinte de mon pouce, celui qui bourre ma pipe pendant que je lis... et cette Pléiade séchant piteusement sur le radiateur après être tombée dans ton bain (« *ton* bain, ma chérie, mais *mon* Swift ! »)... et ces marges griffonnées de commentaires heureusement illisibles, ces paragraphes nimbés de marqueurs *fluorescents*... ce bouquin définitivement infirme pour être resté une semaine entière ouvert sur la tranche, cet autre prétendument protégé par une immonde couverture de plastique transparent à reflets pétroléens... ce lit disparaissant sous une banquise de livres éparpillés comme des oiseaux morts... cette pile de Folio abandonnés à la moisissure du grenier... ces malheureux livres d'enfance que plus personne ne lit, exilés dans une maison de campagne où plus personne ne va... et tous ces autres sur les quais, bradés aux revendeurs d'esclaves...

Tout, nous faisons tout subir aux livres. Mais c'est la façon dont *les autres* les malmènent qui seule nous chagrine...

Il n'y a pas si longtemps, j'ai vu de mes yeux vu, une lectrice jeter un énorme roman par la fenêtre d'une voiture roulant à vive allure : c'était de l'avoir payé si cher, sur la foi de critiques si compétents, et d'en être tellement déçue. Le père du romancier Tonino Benacquista, lui, est allé jusqu'à *fumer* Platon ! Prisonnier de guerre quelque part en Albanie, un reste de tabac au fond de sa poche, un exemplaire du *Cratyle* (va savoir ce qu'il fichait là ?), une allumette... et crac ! une nouvelle façon de dialoguer avec Socrate... par signaux de fumée.

Autre effet de la même guerre, plus tragique encore : Alberto Moravia et Elsa Morante, contraints de se réfugier pendant plusieurs mois dans une cabane de berger, n'avaient pu sauver que deux livres *La Bible* et *Les Frères Karamazov*. D'où un affreux dilemme : lequel de ces deux monuments utiliser comme papier hygiénique ? Si cruel qu'il soit, un choix est un choix. La mort dans l'âme, ils choisirent.

Non, quelque sacré que soit le discours tressé autour

des livres, il n'est pas né celui qui empêchera Pepe Carvalho, le personnage préféré de l'Espagnol Manuel Vasquez Montalban, d'allumer chaque soir un bon feu avec les pages de ses lectures favorites.

C'est le prix de l'amour, la rançon de l'intimité.

Dès qu'un livre finit entre nos mains, il est *à nous*, exactement comme disent les enfants : « C'est *mon* livre »... partie intégrante de moi-même. C'est sans doute la raison pour laquelle nous rendons si difficilement les livres qu'on nous prête. Pas exactement du vol... (non, non, nous ne sommes pas des voleurs, non...) disons, un glissement de propriété, ou mieux, un transfert de substance : ce qui était à l'autre sous son œil, devient mien tandis que mon œil le mange ; et, ma foi, si j'ai aimé ce que j'ai lu, j'éprouve quelque difficulté à le « rendre ».

Je ne parle là que de la façon dont nous, les particuliers, traitons les livres. Mais les professionnels ne font pas mieux. Et que je te massicote le papier au ras des mots pour que ma collection de poche soit plus rentable (texte sans marge aux lettres rabougries par l'étouffement), et que te je gonfle comme une baudruche ce tout petit roman pour donner à croire au lecteur qu'il en aura pour son argent (texte noyé, aux phrases ahuries par tant de blancheur), et que je te colle des « jaquettes » m'as-tu-vu dont les couleurs et les titres énormes gueulent jusqu'à des cent cinquante mètres : « m'as-tu lu ? m'as-tu lu ? » Et que je te fabrique des exemplaires « club » en papier spongieux et couverture cartonneuse affublée d'illustrations débilitantes, et que je te prétends fabriquer des éditions

« de luxe » sous prétexte que j'enlumine un faux cuir d'une orgie de dorures...

Produit d'une société hyperconsommatrice, le livre est presque aussi choyé qu'un poulet gavé aux hormones et beaucoup moins qu'un missile nucléaire. Le poulet aux hormones à la croissance instantanée n'est d'ailleurs pas une comparaison gratuite si on l'applique à ces millions de bouquins « de circonstance » qui se trouvent écrits en une semaine sous prétexte que, cette semaine-là, la reine a cassé sa pipe ou le président perdu sa place.

Vu sous cet angle, le livre, donc, n'est ni plus ni moins qu'un objet de consommation, et tout aussi éphémère qu'un autre : immédiatement passé au pilon s'il ne « marche pas », il meurt le plus souvent sans avoir été lu.

Quant à la façon dont l'Université elle-même traite les livres, il serait bon de demander à leurs auteurs ce qu'ils en pensent. Voilà ce qu'en écrivit Flannery O'Connor, le jour où elle apprit qu'on faisait plancher des étudiants sur son œuvre :

« *Si les professeurs ont aujourd'hui pour principe d'attaquer une œuvre comme s'il s'agissait d'un problème de recherche pour lequel toute réponse fait l'affaire, à condition de n'être pas évidente, j'ai peur que les étudiants ne découvrent jamais le plaisir de lire un roman* * ... »

---

* Flannery O'Connor, *L'Habitude d'être* (Editions Gallimard). Traduit par Gabrielle Rolin.

57

Voilà pour le « livre ».

Passons au lecteur.

Parce que, plus instructives encore que nos façons de traiter nos livres, il y a *nos façons de les lire*.

En matière de lecture, nous autres « lecteurs », nous nous accordons tous les droits, à commencer par ceux que nous refusons aux jeunes gens que nous prétendons initier à la lecture.

1) Le droit de ne pas lire.

2) Le droit de sauter des pages.

3) Le droit de ne pas finir un livre.

4) Le droit de relire.

5) Le droit de lire n'importe quoi.

6) Le droit au bovarysme.

7) Le droit de lire n'importe où.

8) Le droit de grappiller.

9) Le droit de lire à voix haute.

10) Le droit de nous taire.

Je m'en tiendrai arbitrairement au chiffre 10, d'abord parce que c'est un compte rond, ensuite parce que c'est le nombre sacré des fameux Commandements et qu'il est plaisant de le voir pour une fois servir à une liste d'autorisations.

Car si nous voulons que mon fils, que ma fille, que la jeunesse lisent, il est urgent de leur octroyer les droits que nous nous accordons.

IV

LE QU'EN-LIRA-T-ON
(ou les droits imprescriptibles du lecteur)

1

Le droit de ne pas lire

Comme toute énumération de « droits » qui se respecte, celle des droits à la lecture devrait s'ouvrir par le droit de n'en pas user — en l'occurrence le droit de ne pas lire — faute de quoi il ne s'agirait pas d'une liste de droits mais d'un vicieux traquenard.

Pour commencer, la plupart des lecteurs s'octroient quotidiennement le droit de ne pas lire. N'en déplaise à notre réputation, entre un bon bouquin et un mauvais téléfilm, le second l'emporte plus souvent que nous aimerions l'avouer sur le premier. Et puis, nous ne lisons pas continûment. Nos périodes de lecture alternent souvent avec de longues diètes où la seule vision d'un livre éveille les miasmes de l'indigestion.

Mais le plus important est ailleurs.

Nous sommes entourés de quantité de personnes tout à fait respectables, quelquefois diplômées, parfois « éminentes » — dont certaines possèdent même de fort jolies bibliothèques — mais qui ne lisent pas, ou si peu que l'idée ne nous viendrait jamais de leur offrir un livre. Elles ne lisent pas. Soit qu'elles n'en éprouvent pas le besoin, soit qu'elles aient trop à faire par

149

ailleurs (mais cela revient au même, c'est que cet ailleurs-là les comble ou les obnubile), soit qu'elles nourrissent un autre amour et le vivent d'une façon absolument exclusive. Bref, ces gens-là *n'aiment pas* lire. Ils n'en sont pas moins fréquentables, voire délicieux à fréquenter. (Du moins ne nous demandent-ils pas à tout bout de champ notre opinion sur le dernier bouquin que nous avons lu, nous épargnent-ils leurs réserves ironiques sur notre romancier préféré et ne nous considèrent-ils pas comme des demeurés pour ne pas nous être précipités sur le dernier Untel, qui vient de sortir chez Machin et dont le critique Duchmole a dit le plus grand bien.) Ils sont tout aussi « humains » que nous, parfaitement sensibles aux malheurs du monde, soucieux des « droits de l'Homme » et attachés à les respecter dans leur sphère d'influence personnelle, ce qui est déjà beaucoup — mais voilà, ils ne lisent pas. Libre à eux.

L'idée que la lecture « humanise l'homme » est juste dans son ensemble, même si elle souffre quelques déprimantes exceptions. On est sans doute un peu plus « humain », entendons par là un peu plus solidaire de l'espèce (un peu moins « fauve ») après avoir lu Tchekhov qu'avant.

Mais gardons-nous de flanquer ce théorème du corollaire selon lequel tout individu qui ne lit pas serait à considérer a priori comme une brute potentielle ou un crétin rédhibitoire. Faute de quoi nous ferons passer la lecture pour une *obligation morale*, et c'est le début d'une escalade qui nous mènera bientôt à juger, par exemple, de la « moralité » des livres eux-mêmes, en fonction de critères qui n'auront aucun respect pour cette autre liberté inaliénable : la liberté de créer. Dès lors la brute, ce sera nous, tout « lecteur » que nous soyons. Et Dieu sait que les brutes de cette espèce ne manquent pas de par le monde.

En d'autres termes, *la liberté d'écrire ne saurait s'accommoder du devoir de lire.*

Le devoir d'éduquer, lui, consiste au fond, en apprenant à lire aux enfants, en les initiant à la Littérature, à leur donner les moyens de juger librement s'ils éprouvent ou non le « besoin des livres ». Parce que, si l'on peut parfaitement admettre qu'un particulier rejette la lecture, il est intolérable qu'il soit — ou qu'il se croie — rejeté par elle.

C'est une tristesse immense, une solitude dans la solitude, d'être exclu des livres — y compris de ceux dont on peut se passer.

2

Le droit de sauter des pages

J'ai lu *La Guerre et la Paix*, pour la première fois à douze ou treize ans (plutôt treize, j'étais en cinquième et guère en avance). Depuis le début des vacances, les grandes, je voyais mon frère (le même que celui de *La Mousson*) s'enfoncer dans cet énorme roman, et son œil devenait aussi lointain que celui de l'explorateur qui a depuis belle lurette perdu le souci de la terre natale.

— C'est si chouette que ça ?

— Formidable !

— Qu'est-ce que ça raconte ?

— C'est l'histoire d'une fille qui aime un type et qui en épouse un troisième.

Mon frère a toujours eu le don des résumés. Si les éditeurs l'embauchaient pour rédiger leurs « quatrièmes de couverture » (ces pathétiques exhortations à lire qu'on colle au dos des livres), il nous épargnerait bien des baratins inutiles.

— Tu me le prêtes ?

— Je te le donne.

J'étais pensionnaire, c'était un cadeau inestimable. Deux gros volumes qui me tiendraient chaud pendant tout le trimestre. De cinq ans mon aîné, mon frère n'était pas complètement idiot (il ne l'est d'ailleurs pas devenu) et savait pertinemment que *La Guerre et la Paix* ne saurait être réduite à une histoire d'amour, si bien tournée soit-elle. Seulement il connaissait mon goût pour les incendies du sentiment, et savait titiller ma curiosité par la formulation énigmatique de ses résumés. (Un « pédagogue » selon mon cœur.) Je crois bien que c'est le mystère arithmétique de sa phrase qui me fit temporairement troquer mes *Bibliothèque verte, rouge et or,* et autres *Signes de piste* pour me jeter dans ce roman. « Une fille qui aime un type et qui en épouse un *troisième* »... je ne vois pas qui aurait pu résister. De fait, je n'ai pas été déçu, bien qu'il se fût trompé dans ses comptes. En réalité, nous étions quatre à aimer Natacha : le prince André, ce voyou d'Anatole (mais peut-on appeler ça de l'amour ?), Pierre Bézoukhov et moi. Comme je n'avais aucune chance, force me fut de m' « identifier » aux autres. (Mais pas à Anatole, un vrai salopard, celui-là !)

Lecture d'autant plus délicieuse qu'elle se déroula de nuit, à la lumière d'une lampe de poche, et sous mes couvertures plantées comme une tente au milieu d'un dortoir de cinquante rêveurs, ronfleurs et autres gigoteurs. La tente du pion où fusait la veilleuse était toute proche, mais quoi, en amour, c'est toujours le tout pour le tout. Je sens encore l'épaisseur et le poids de ces volumes dans mes mains. C'était la version de poche, avec la jolie bouille d'Audrey Hepburn que toisait un Mel Ferrer princier aux lourdes paupières de rapace amoureux. J'ai sauté les trois quarts du livre pour ne m'intéresser qu'au cœur de Natacha. J'ai plaint Anatole, tout de même, quand on l'a amputé de sa jambe, j'ai maudit cet abruti de prince André d'être resté debout devant ce boulet, à la bataille de Borodino... (« Mais couche-toi, nom de Dieu, à plat ventre, ça va exploser, tu ne peux pas lui faire ça, elle t'aime! »)... Je me suis intéressé à l'amour et aux batailles et j'ai sauté les affaires de politique et de stratégie... Les théories de Clausewitz me passant très au-dessus de la tête, ma foi, j'ai laissé passer les théories de Clausewitz... J'ai suivi de très près les déboires conjugaux de Pierre Bézoukhov et de sa femme Hélène (« pas sympa », Hélène, je ne la trouvais vraiment « pas sympa »...) et j'ai laissé Tolstoï disserter seul des problèmes agraires de l'éternelle Russie...

J'ai sauté des pages, quoi.

Et tous les enfants devraient en faire autant.

Moyennant quoi ils pourraient s'offrir très tôt presque toutes les merveilles réputées inaccessibles à leur âge.

S'ils ont envie de lire *Moby Dick* mais qu'ils se découragent devant les développements de Melville sur le matériel et les techniques de la chasse à la baleine, il ne faut pas qu'ils renoncent à leur lecture mais qu'ils sautent, qu'ils sautent par-dessus ces pages et poursuivent Achab sans se préoccuper du reste, comme il poursuit sa blanche raison de vivre et de mourir ! S'ils veulent faire la connaissance d'Ivan, de Dimitri, d'Aliocha Karamazov et de leur incroyable père, qu'ils ouvrent et qu'ils lisent *Les Frères Karamazov*, c'est *pour eux*, même s'il leur faut sauter le testament du *starets* Zosime ou la légende du Grand Inquisiteur.

Un grand danger les guette s'ils ne décident pas par eux-mêmes de ce qui est à leur portée en sautant les pages de leur choix : *d'autres le feront à leur place.* Ils s'armeront des gros ciseaux de l'imbécillité et tailleront tout ce qu'ils jugent trop « difficile » pour eux. Ça donne des résultats effroyables. *Moby Dick* ou *Les Misérables* réduits à des résumés de 150 pages, mutilés, bousillés, rabougris, momifiés, *réécrits* pour eux dans une langue famélique qu'on suppose être la leur ! Un peu comme si je me mêlais de redessiner *Guernica* sous prétexte que Picasso y aurait flanqué trop de traits pour un œil de douze ou treize ans.

Et puis, même devenus « grands », et même si nous répugnons à l'avouer, il nous arrive encore de « sauter des pages », pour des raisons qui ne regardent que nous et le livre que nous lisons. Il nous arrive aussi de nous l'interdire absolument, de tout lire jusqu'au dernier mot, jugeant qu'ici l'auteur fait dans la longueur, qu'il se joue là un petit air de flûte passablement gratuit, qu'à tel endroit il donne dans la répétition et à tel autre dans l'idiotie. Quoi que nous en disions, cet ennui têtu que nous nous imposons alors n'est pas de l'ordre du *devoir*, il est une catégorie de notre plaisir de lecteur.

3

Le droit de ne pas finir un livre

Il y a trente-six mille raisons d'abandonner un roman avant la fin : le sentiment du déjà lu, une histoire qui ne nous retient pas, notre désapprobation totale des thèses de l'auteur, un style qui nous hérisse le poil, ou au contraire une absence d'écriture que ne vient compenser aucune raison d'aller plus loin... Inutile d'énumérer les 35 995 autres, parmi lesquelles il faut pourtant ranger la carie dentaire, les persécutions de notre chef de service ou un séisme du cœur qui pétrifie notre tête.

Le livre nous tombe des mains ?

Qu'il tombe.

Après tout, n'est pas Montesquieu qui veut, pour pouvoir s'offrir sur commande la consolation d'une heure de lecture.

Toutefois, parmi nos raisons d'abandonner une lecture, il en est une qui mérite qu'on s'y arrête un peu : le sentiment vague d'une *défaite*. J'ai ouvert, j'ai lu, et je me suis bientôt senti submergé par quelque chose que je sentais *plus fort* que moi. J'ai rassemblé mes neurones, je me suis bagarré avec le texte, mais rien à faire, j'ai beau avoir le sentiment que ce qui est écrit la mérite d'être lu, je n'y pige rien — ou si peu que pas — j'y sens une « étrangeté » qui ne m'offre pas de prise. Je laisse tomber. Ou plutôt, je laisse de côté. Je range ça dans ma bibliothèque avec le projet vague d'y revenir un jour. Le *Pétersbourg* d'Andreï Bielyï, Joyce et son *Ulysse*, *Au-dessous du volcan* de Malcolm Lowry, m'ont attendu quelques années. Il en est d'autres qui m'attendent encore, dont certains que je ne rattraperai probablement jamais. Ce n'est pas un drame, c'est comme ça. La notion de « maturité » est chose étrange en matière de lecture. Jusqu'à un certain âge, nous n'avons pas l'âge de certaines lectures, soit. Mais, contrairement aux bonnes bouteilles, les bons livres ne vieillissent pas. Ils nous attendent sur nos rayons et c'est nous qui vieillissons. Quand nous nous croyons suffisamment « mûrs » pour les lire, nous nous y attaquons une nouvelle fois. Alors, de deux choses l'une : ou la rencontre a lieu, ou c'est un nouveau fiasco. Peut-être essaierons-nous encore, peut-être pas. Mais ce n'est certes pas la faute de Thomas Mann si je n'ai pu, jusqu'à présent, atteindre le sommet de sa *Montagne magique*.

Le grand roman qui nous résiste n'est pas nécessairement plus *difficile* qu'un autre... il y a là, entre lui — tout grand qu'il soit — et nous — tout apte à le « comprendre » que nous nous estimions — une réaction chimique qui n'opère pas. Un jour nous *sympathisons* avec l'œuvre de Borges qui jusque-là nous tenait à distance, mais nous demeurons toute notre vie étranger à celle de de Musil...

Alors, nous avons le choix : ou penser que c'est *notre faute*, qu'il nous manque une case, que nous abritons une part de sottise irréductible, ou fouiner du côté de la notion très controversée de *goût* et chercher à dresser la carte des nôtres.

Il est prudent de recommander à nos enfants cette seconde solution.

D'autant qu'elle peut leur offrir ce plaisir rare : relire en comprenant enfin *pourquoi* nous n'aimons pas. Et ce rare plaisir : entendre sans émotion le cuistre de service nous brailler aux oreilles :

— Mais cômmmment peut-on ne pas aimer Stendhaaaal ?

On peut.

4

Le droit de relire

Relire ce qui m'avait une première fois rejeté, relire sans sauter de passage, relire sous un autre angle, relire pour vérification, oui... nous nous accordons tous ces droits.

Mais nous relisons surtout gratuitement, pour le plaisir de la répétition, la joie des retrouvailles, la mise à l'épreuve de l'intimité.

« Encore, encore », disait l'enfant que nous étions... Nos relectures d'adultes tiennent de ce désir-là : nous enchanter d'une permanence, et de la trouver chaque fois si riche en émerveillements nouveaux.

5

Le droit de lire n'importe quoi

A propos du « goût », certains de mes élèves souffrent beaucoup quand ils se trouvent devant l'archi classique sujet de dissertation : « *Peut-on parler de bons et de mauvais romans* ? » Comme sous leurs dehors « moi je ne fais pas de concession » ils sont plutôt gentils, au lieu d'aborder l'aspect littéraire du problème, ils l'envisagent d'un point de vue éthique et ne traitent la question que sous l'angle des libertés. Du coup, l'ensemble de leurs devoirs pourrait se résumer par cette formule : « Mais non, mais non, on a le droit d'écrire ce qu'on veut, et tous les goûts de lecteurs sont dans la nature, non mais sans blague ! » Oui... oui, oui... position tout à fait honorable...

N'empêche qu'il y a de bons et de mauvais romans. On peut citer des noms, on peut donner des preuves.

Pour être bref, taillons très large : disons qu'il existe ce que j'appellerai une « littérature industrielle » qui se contente de reproduire à l'infini les mêmes types de récits, débite du stéréotype à la chaîne, fait commerce de bons sentiments et de sensations fortes, saute sur tous les prétextes offerts par l'actualité pour pondre une fiction de circonstance, se livre à des « études de marché » pour fourguer, selon la « conjoncture » tel type de « produit » censé enflammer telle catégorie de lecteurs.

Voilà, à coup sûr, de *mauvais* romans.

Pourquoi ? Parce qu'ils ne relèvent pas de la création mais de la reproduction de « formes » préétablies, parce qu'ils sont une entreprise de simplification (c'est-à-dire de mensonge), quand le roman est art de vérité (c'est-à-dire de complexité), parce qu'à flatter nos automatismes ils endorment notre curiosité, enfin et surtout parce que l'auteur *ne s'y trouve pas*, ni la réalité qu'il prétend nous décrire.

Bref, une littérature du « prêt à jouir », faite au moule et qui aimerait nous ficeler dans le moule.

Ne pas croire que ces idioties sont un phénomène récent, lié à l'industrialisation du livre. Pas du tout. L'exploitation du sensationnel, de la bluette, du frisson facile dans une phrase sans auteur ne date pas d'hier. Pour ne citer que deux exemples, le roman de chevalerie s'y est embourbé, et le romantisme longtemps après lui. A quelque chose malheur étant bon, la réaction à cette littérature dévoyée nous a donné deux des plus beaux romans qui soient au monde : *Don Quichotte* et *Madame Bovary*.

Il y a donc de « bons » et de « mauvais » romans.

Le plus souvent, ce sont les seconds que nous trouvons d'abord sur notre route.

Et ma foi, quand ce fut mon tour d'y passer, j'ai le souvenir d'avoir trouvé ça « vachement bien ». J'ai eu beaucoup de chance : on ne s'est pas moqué de moi, on n'a pas levé les yeux au ciel, on ne m'a pas traité de crétin. On a juste laissé traîner sur mon passage quelques « bons » romans en se gardant bien de m'interdire les autres.

C'était la sagesse.

Les bons et les mauvais, pendant un certain temps, nous lisons tout ensemble. De même que nous ne renonçons pas du jour au lendemain à nos lectures d'enfant. Tout se mélange. On sort de *Guerre et Paix* pour replonger dans la *Bibliothèque verte*. On passe de la collection Harlequin (des histoires de beaux toubibs et d'infirmières méritantes) à Boris Pasternak et à son *Docteur Jivago*, — un beau toubib, lui aussi, et Lara une infirmière ô combien méritante !

Et puis, un jour, c'est Pasternak qui l'emporte. Insensiblement, nos désirs nous poussent à la fréquentation des « bons ». Nous cherchons des écrivains, nous cherchons des écritures ; finis les seuls camarades de jeu, nous réclamons des *compagnons d'être*. L'anecdote seule ne nous suffit plus. Le moment est venu où nous demandons au roman autre chose que la satisfaction immédiate et exclusive de nos *sensations*.

Une des grandes joies du « pédagogue », c'est — toute lecture étant autorisée — de voir un élève claquer tout seul la porte de l'usine Best-seller pour monter respirer chez l'ami Balzac.

6

Le droit au bovarysme
(maladie textuellement transmissible)

C'est cela, en gros, le « bovarysme », cette satisfaction immédiate et exclusive de nos *sensations* : l'imagination enfle, les nerfs vibrent, le cœur s'emballe, l'adrénaline gicle, l'identification opère tous azimuts, et le cerveau prend (momentanément) les vessies du quotidien pour les lanternes du romanesque...
C'est notre premier *état* de lecteur à tous.
Délicieux.
Mais passablement effrayant pour l'observateur adulte qui, le plus souvent, s'empresse de brandir un « bon titre » sous le nez du jeune bovaryen, en s'écriant :
— Enfin, Maupassant, c'est tout de même « mieux », non ?
Du calme... ne pas céder soi-même au bovarysme ; se dire qu'Emma, après tout, n'était elle-même qu'un personnage de roman, c'est-à-dire le produit d'un déterminisme où les causes semées par Gustave n'engendraient que les effets — tout *vrais* qu'ils fussent — souhaités par Flaubert.

163

En d'autres termes, ce n'est pas parce que cette jeune fille collectionne les Harlequin qu'elle finira en avalant l'arsenic à la louche.

Lui forcer la main à ce stade de ses lectures, c'est nous couper d'elle en reniant notre propre adolescence. Et c'est la priver du plaisir incomparable de débusquer demain et par elle-même les stéréotypes qui, aujourd'hui, semblent la jeter hors d'elle.

Il est sage de nous réconcilier avec notre adolescence ; haïr, mépriser, nier ou simplement oublier l'adolescent que nous fûmes est en soi une attitude adolescente, une conception de l'adolescence comme maladie mortelle.

D'où la nécessité de nous rappeler nos premiers émois de lecteurs, et de dresser un petit autel à nos anciennes lectures. Y compris aux plus « bêtes ». Elles jouent un rôle inestimable : nous émouvoir de ce que nous fûmes en riant de ce qui nous émouvait. Les garçons et les filles qui partagent notre vie y gagnent à coup sûr en respect et en tendresse.

Et puis, se dire aussi que le bovarysme est — avec quelques autres — la chose du monde la mieux partagée : c'est toujours chez l'autre que nous le débusquons. Dans le même temps que nous vilipendons la stupidité des lectures adolescentes, il n'est pas rare que nous œuvrions au succès d'un écrivain télégénique, dont nous ferons des gorges chaudes dès que la mode en sera passée. Les coqueluches littéraires s'expliquent largement par cette alternance de nos engouements éclairés et de nos reniements perspicaces.

Jamais dupes, toujours lucides. nous passons notre
temps à nous succéder à nous-mêmes, convaincus pour
toujours que madame Bovary c'est l'autre.
Emma devait partager cette conviction

7

Le droit de lire n'importe où

Châlons-sur-Marne, 1971, l'hiver.
Casernement de l'Ecole d'Application d'Artillerie.
A la distribution matinale des corvées, le soldat de seconde classe Untel (Matricule 14672/1, bien connu de nos services) se porte systématiquement volontaire pour la corvée la moins courue, la plus ingrate, distribuée le plus souvent à titre de sanction et qui porte atteinte aux honneurs les mieux trempés : la légendaire, l'infamante, l'innommable *corvée de chiottes*.
Tous les matins.
Avec le même sourire. (Intérieur.)
— Corvée de chiottes ?
Il fait un pas en avant :
— Untel !
Avec la gravité ultime qui précède l'assaut, il saisit le balai où pend la serpillière, comme s'il s'agissait du fanion de la compagnie, et disparaît, au grand soulagement de la troupe. C'est un brave : personne ne le suit.
L'armée tout entière reste planquée dans la tranchée des corvées honorables.

Les heures passent. On le croit perdu. On l'a presque oublié. On l'oublie. Il reparaît pourtant en fin de matinée, claquant les talons pour le rapport à l'adjudant de compagnie : « Latrines impeccables, mon adjudant ! » L'adjudant récupère serpillière et balai avec aux yeux une interrogation profonde qu'il ne formule jamais. (Respect humain oblige.) Le soldat salue, demi-tourne, se retire, emportant son secret avec lui.

Le secret pèse un bon poids dans la poche droite de son treillis : 1 900 pages du volume que la Pléiade consacre aux œuvres complètes de Nicolas Gogol. Un quart d'heure de serpillière contre une matinée de Gogol... Chaque matin depuis deux mois d'hiver, confortablement assis dans la salle des trônes bouclée à double tour, le soldat Untel vole très au-dessus des contingences militaires. Tout Gogol ! Des nostalgiques *Veillées d'Ukraine* aux hilarantes *Nouvelles pétersbourgeoises*, en passant par le terrible *Taras Boulba*, et la noire rigolade des *Ames mortes*, sans oublier le théâtre et la correspondance de Gogol, cet incroyable Tartuffe.

Car Gogol, c'est Tartuffe qui aurait inventé Molière — ce que le soldat Untel n'aurait jamais compris s'il avait offert cette corvée à d'autres.

L'armée aime à célébrer les faits d'armes.

De celui-ci, il ne reste que deux alexandrins, gravés très haut dans la fonte d'une chasse d'eau, et qui comptent parmi les plus somptueux de la poésie française :

Oui je peux sans mentir, assieds-toi, pédagogue,
Affirmer avoir lu tout mon Gogol aux gogues.

(De son côté, le vieux Clemenceau, « le Tigre », un fameux soldat lui aussi, rendait grâce à une constipation chronique, sans laquelle, affirmait-il, il n'aurait jamais eu le bonheur de lire les *Mémoires* de Saint-Simon.)

8

Le droit de grappiller

Je grappille, nous grappillons, laissons-les grapiller. C'est l'autorisation que nous nous accordons de saisir n'importe quel volume de notre bibliothèque, de l'ouvrir n'importe où et de nous y plonger un moment parce que nous ne disposons justement que de ce moment-là. Certains livres se prêtent mieux que d'autres au grappillage, composés qu'ils sont de textes courts et séparés : les œuvres complètes d'Alphonse Allais ou de Woody Allen, les nouvelles de Kafka ou de Saki, les *Papiers collés* de Georges Perros, ce bon vieux La Rochefoucauld, et la plupart des poètes...

Cela dit, on peut ouvrir Proust, Shakespeare ou la *Correspondance* de Raymond Chandler n'importe où, grappiller çà et là, sans courir le moindre risque d'être déçus.

Quand on n'a ni le temps ni les moyens de s'offrir une semaine à Venise, pourquoi se refuser le droit d'y passer cinq minutes ?

9

Le droit de lire à haute voix

Je lui demande :
— On te lisait des histoires à voix haute quand tu étais petite ?
Elle me répond :
— Jamais. Mon père était souvent en déplacement et ma mère beaucoup trop occupée.
Je lui demande :
— Alors, d'où te vient ce goût pour la lecture à haute voix ?
Elle me répond :
— De l'école.
Heureux d'entendre quelqu'un reconnaître un mérite à l'école, je m'exclame, tout joyeux :
— Ah ! Tu vois !
Elle me dit :
— Pas du tout. L'école nous *interdisait* la lecture à haute voix. Lecture silencieuse, c'était déjà le credo à l'époque. Direct de l'œil au cerveau. Transcription instantanée. Rapidité, efficacité. Avec un test de compréhension toutes les dix lignes. La religion de l'analyse et du commentaire, dès le départ ! La plupart des

170

gosses crevaient de trouille, et ce n'était que le début !
Toutes mes réponses à moi étaient justes, si tu veux
savoir, mais rentrée à la maison, je relisais tout à voix
haute.

— Pourquoi ?

— Pour l'émerveillement. Les mots prononcés se
mettaient à exister hors de moi, ils vivaient vraiment.
Et puis, il me semblait que c'était un acte d'amour.
Que c'était l'amour même. J'ai toujours eu l'impression que l'amour du livre passe par l'amour tout court.
Je couchais mes poupées dans mon lit, à ma place, et je
leur faisais la lecture. Il m'arrivait de m'endormir à
leur pied, sur le tapis.

Je l'écoute... je l'écoute, et il me semble entendre
Dylan Thomas, saoul comme le désespoir, lisant ses
poèmes de sa voix de cathédrale...

Je l'écoute et il me semble voir Dickens le vieux,
Dickens osseux et pâle, tout près de la mort, monter
sur scène... son grand public d'illettrés soudain pétri-
fié, silencieux au point qu'on entend le livre s'ouvrir...
Oliver Twist... la mort de Nancy... c'est la mort de
Nancy qu'il va nous lire !...

Je l'écoute et j'entends Kafka rire aux larmes en
lisant *La Métamorphose* à Max Brod qui n'est pas sûr
de suivre... et je vois la petite Mary Shelley offrir de
grandes tranches de son *Frankenstein* à Percy et aux
copains médusés...

Je l'écoute, et apparaît Martin du Gard lisant à Gide
ses *Thibault*... mais Gide ne semble pas l'entendre... ils
sont assis au bord d'une rivière... Martin du Gard lit,
mais le regard de Gide est ailleurs... les yeux de Gide

ont filé tout là-bas, où deux adolescents plongent... une perfection que l'eau habille de lumière... Martin du Gard est furax... mais non, il a bien lu... et Gide a tout entendu... et Gide lui dit tout le bien qu'il pense de ces pages... mais, tout de même, qu'il faudrait peut-être modifier ceci et cela, par-ci et par-là...

Et Dostoïevski, qui ne se contentait pas de lire à voix haute, mais qui *écrivait* à haute voix... Dostoïevski, à bout de souffle, après avoir hurlé son réquisitoire contre Raskolnikov (ou Dimitri Karamazov, je ne sais plus)... Dostoïevski demandant à Anna Grigorievna, l'épouse sténographe : « Alors ? D'après toi, le verdict ? Hein ? Hein ? »

ANNA : Condamné !

Et le même Dostoïevski, après lui avoir dicté la plaidoirie de la défense... : « Alors ? Alors ? »

ANNA : Acquitté !

Oui...

Etrange disparition que celle de la lecture à voix haute. Qu'est-ce que Dostoïevski aurait pensé de ça ? Et Flaubert ? Plus le droit de se mettre les mots en bouche avant de se les fourrer dans la tête ? Plus d'oreille ? Plus de musique ? Plus de salive ? Plus de goût, les mots ? Et puis quoi, encore ! Est-ce que Flaubert ne se l'est pas gueulée jusqu'à s'en faire péter les tympans, sa *Bovary* ? Est-ce qu'il n'est pas *définitivement* mieux placé que quiconque pour savoir que l'intelligence du texte passe par le *son* des mots d'où fusent tout leur sens ? Est-ce qu'il ne sait pas comme personne, lui qui a tant bagarré contre la musique intempestive des syllabes, la tyrannie des cadences, que le *sens*, ça se *prononce* ? Quoi ? des textes muets pour de purs esprits ? A moi, Rabelais ! A moi Flaubert ! Dosto ! Kafka ! Dickens, à moi ! Gigantesques brailleurs de sens, ici tout de suite ! Venez souffler dans nos livres ! Nos mots ont besoin de corps ! Nos livres ont besoin de vie !

Il est vrai que c'est confortable, le silence du texte... on n'y risque pas la mort de Dickens que ses médecins suppliaient de *taire* enfin ses romans... le texte et soi... tous ces mots muselés dans la douillette cuisine de notre intelligence... comme on se sent quelqu'un en ce silencieux tricotage de nos commentaires !... et puis, à juger le livre à part soi on ne court pas le risque d'être jugé par lui... c'est que, dès que la voix s'en mêle, le livre en dit long sur son lecteur... le livre dit tout.

L'homme qui lit de vive voix s'expose absolument. S'il ne *sait* pas ce qu'il lit, il est ignorant dans ses mots, c'est une misère, et cela s'entend. S'il refuse d'habiter sa lecture, les mots restent lettres mortes, et cela se sent. S'il gorge le texte de sa présence, l'auteur se rétracte, c'est un numéro de cirque, et cela se voit. L'homme qui lit de vive voix s'expose absolument aux yeux qui l'écoutent.

S'il lit vraiment, s'il y met son savoir en maîtrisant son plaisir, si sa lecture est acte de *sympathie* pour l'auditoire comme pour le texte et son auteur, s'il parvient à faire entendre la nécessité d'écrire en réveillant nos plus obscurs besoins de comprendre, alors les livres s'ouvrent grand, et la foule de ceux qui se croyaient exclus de la lecture s' y engouffre derrière lui.

10

Le droit de nous taire

L'homme construit des maisons parce qu'il est vivant, mais il écrit des livres parce qu'il se sait mortel. Il habite en bande parce qu'il est grégaire, mais il lit parce qu'il se sait seul. Cette lecture lui est une compagnie qui ne prend la place d'aucune autre, mais qu'aucune autre compagnie ne saurait remplacer. Elle ne lui offre aucune explication définitive sur son destin mais tisse un réseau serré de connivences entre la vie et lui. Infimes et secrètes connivences qui disent le paradoxal bonheur de vivre alors même qu'elles éclairent l'absurdité tragique de la vie. En sorte que nos raisons de lire sont aussi *étranges* que nos raisons de vivre. Et nul n'est mandaté pour nous réclamer de comptes sur cette intimité-là.

Les rares adultes qui m'ont donné à lire se sont toujours effacés devant les livres et se sont bien gardés de me demander ce que j'y avais *compris*. A ceux-là, bien entendu, je parlais de mes lectures. Vivants ou morts, je leur donne ces pages.

Composition Bussière
et impression S.E.P.C.
à Saint-Amand (Cher),
le 6 mars 1992.
Dépôt légal : mars 1992.
1ᵉʳ dépôt légal : janvier 1992.
Numéro d'imprimeur : 592.
ISBN 2-07-072580-4./Imprimé en France.